yevon_ou 著

守住你的钱
TO GUARD YOUR MONEY

在不确定时代，
让你的财富安全升值

序
正确地认识这个世界

王福重

💰 经济学的使命

每个接触过经济学的人,都可以说出经济学最基本的一个假设:理性经济人。一个个体做出某种决策,大抵是因为这样做比不这样做能让他获得更多的现实利益。所谓"我们每天所需要的食物和饮料,不是出自屠户、酿酒家和面包师的恩惠,而是出于他们自利的打算"。

将视角放大到宏观,道理也是相通的。倘若将一个组织、集体乃至国家视作"类人的独立个体",这一"理性经济个体"所做的一切,也是为了让它的利益最大化。只不过是因为这个个体的组成太复杂,才产生了对国民经济的种种解读;解读者又往往因为理解得不透彻,而长期陷入了"概念的迷宫"。

倘若能跳出"概念的迷宫",不去管纷繁复杂的流派,世界上真正正确的经济学其实只有一种,那就是能够令主体利益最大化、创造更多财富的经济学。

"安得广厦千万间",忧国忧民的诗人只能慨叹,而经济学家却可以令一个民族快速腾飞。揭示这个世界运作的真相,使人们能够更加富裕,更加强大,创造更加繁荣的物质和精神文明,乃是经济学最大的正义与使命,也是自《国富论》传承下来的初衷。正所谓:"充分地解放生产力,发展生产力,让一切创造财富的源泉涌流。"

经济学的载体

与大多数科班出身的经济学家不同,欧成效毕业于复旦大学物理系,开启其投资生涯的契机则是帮当时的女友踩盘、看房,从此一发不可收。从这两件事中,我们似乎可以一窥他日后的鲜明特质:前者带来的是深厚的科学素养和极度冷静、理性、严格的思考方式,后者则宣示着他的一切心得全部从亲身实践中得来。事实上,他对商业活动的涉猎,确实是非常广泛和深刻的。

经济学家是否投缘,不必交谈,阅读对方的观点即可"心知肚明"。经济学家想见面,也不用特地约会,默契地参加同一场活动就好。于是我与欧成效"投缘而默契"地相约在北京、上海、广州、深圳、南京、武汉、重庆、天津,我们对经济大势的讨论,成了走遍大半个中国的"连续剧"。

自有一套完整的理论,同时有严谨的先于理论的经验和验证理论的成功结果,这样的人是不多见的。从他身上,我发现一个很重要的道理:好的经济学理论,必须源于实践且能够指导实践。

经济学与经济政策、商业活动之间的关系,是形而上与形而下、灵与肉、抽象与具体的关系。后两者需要以经济学为指导,而经济理论则必须依托具体的政策和商业活动而体现。

但是现实生活中,绝大多数对经济学侃侃而谈的人,可能甚至连基础的商业活动都没有实际操作过。如欧成效所指出的,一位投资专家也许可以给出"2013年买债券,2014年抛售债券进入股市,2015年抛售证券进入房地产市场,2016年卖掉房子买美股"这样看似踏准了每一步时代脉搏的完美模型,但对房产的"二五八"限购、高企的交易成本、资金出海困难重重等具体执行层面上的问题,却是左支右绌,毫无考虑。

欧成效的"水库论坛"有一句出名的话,叫"说线做泪",意思是说,说起来像一条线那么简单,做起来才知道全是眼泪。没在商海搏过浪的人,是拿不到一手资料的。纸上谈兵与真正在实践中赚到第一桶金,完全是两个概念、两种体验。如果一个人没有经历过真实的交易,没有真正调配资金、计算收益与成本、收到别人自愿支付的对价的经历,这样的人开出的"经世济民"的药方,其可信度能有多少呢?

真正正确的经济学,是能创造财富的经济学。反过来,我们似乎也可以说:一个人一定是因为做对过一些事情,才赚到了比别人更多的财富。如果一个人是真正的实战中的胜者,拥有了比常人更多的财富,那么不妨听听他对一些事物的观点。他的观点也许不符合教材甚至传统的认知,但一定是具有某种现实意义的。

真正正确的经济学

世界的真相荒悖却又无比合理,与大多数人的认知往往有着巨大的差异。

"荷兰病"被广为书写,可是北海油田的枯竭并没有令高度依赖石油业的荷兰经济走向崩溃,当汇率与人工价格回落后,制造业与服务业反而重新获得了比较优势;美国不抑土地兼并,却并未出现想象中的民不聊生,售出自己土地的农民成了城市化浪潮中的一员,进入了新的配置场景；只靠价格管制并不能真正控制价格，减少管制，鼓励竞争，充分发挥市场的调节作用，才能从根本上解决问题。

"理性经济人"的假设普遍成立，然而面对相同的问题，人们往往会做出截然不同的选择。这是因为，每个人的成长环境、人生经历、所经受的教育都具有自己的特殊性，所以他们心目中的"现实利益"的样貌，各不相同。

换言之，人们都会做出自己认为最有利的决策，但他们的认知本身，却不一定是正确的。

特别是，经过几十年的飞速发展，一大批中产阶级越来越引人瞩目。他们经受过良好的教育，已经取得了基础性的资产，事业上大多是业务骨干或进入了中级管理层。这样的一部分人，却每每在惊涛骇浪面前感到自己无比脆弱，充满焦虑，想要进阶，却屡屡不得其法。

为什么会有这样的心态呢？从"零产"到"中产"，这一群体获得财富的主要途径，是提供相对合格的（中高端）劳动力。但"人揾[①]财"和"财揾财"是天壤之别的两个科技树[②]，而改革开放至今也不过40多年，大多数人没有经历过一代以上的富裕，因此"财揾财"这件事对绝大多数在时代东风下享受到个人奋斗成果的"中产"们来说，是极其陌生的。

中产阶级的特殊之处在于，他们在有意识地获得财富之前就拥有了财富。也许只是买对了一套房，读对了一所学校，或踩对了某个风口。而过往的风口又实在是太多了，他们自己甚至也隐隐感知到了这一点。所以，他们的焦虑，本质上是因为意识到"认知水平落后于财富量级"，自己都无法理解自己能够拥有这么多财富的逻辑。

无法理解，又怎能保卫呢？

---

① 揾：粤语方言，找的意思。如揾食就是谋生、工作。——编者注
② 科技树：直译自英文Technology tree，指通过选择发展不同的技术方向导致不同的研发结果，用图形表示则呈树状图像。——编者注

人生如逆水行舟，不进则退。中产群体既有钱，又不够有钱，既渴望财富，又最容易被琳琅满目的观点"收割"财富。他们聪明、勤奋，却囿于认知而难以转身。他们的成功与否，也最能验证某一观点的正确性。因此，在这个维度上，了解真正正确的、能够创造财富的经济学，似乎就显得颇有必要。

中产阶级如何保卫自己的财富？就从正确地认识这个世界开始吧。

第一章
你不了解的宏观经济

我命令，把钱赶到实体经济去 _002

产业升级是什么东西 _006

什么才是宏观经济学 _011

为什么滨州那么穷，为什么香港那么富 _015

刷GDP高手 _021

荷兰病 _025

合规的秘密 _030

经济学中的"搭便车"现象 _036

公路的彻底收费化 _041

第二章
房价未来怎么走

世上再无商品房 _046

人生的三次蜕变 _052

买房子是消费降级吗 _055

被锁死的楼市科技树 _060

什么样的人会去买丹东的房子 _065

边角料的损失，换来的是一棵大树 _069

杠杆与笋盘哪个更重要 _073

以房养老设计手册 _083

储蓄平方米 _089

当房龄走向衰败 _094

民宿到底赚不赚钱 _098

第三章
财富是怎样炼成的

肮脏的收藏业 _104

合伙做生意万万搞不得 _108

怎样刷高指数 _114

定期收割定投"韭菜" _119

期货可以锁死价格吗 _124

为什么我精通理财，却仍过不好一生 _130

散户理财方法 _135

一个典型的失败理财方案 _140
中产就是接盘侠 _146
怎样判断最后一棒 _151
几类投资市场的分析 _156
长视频赛道 _161
孤独的预判者 _167

第四章
生活、消费与就业

中国家庭财富一窥 _172
什么才是A9生活观 _186
涨价急先锋 _190
交工资卡还是加名字 _194
小白领的宁死不从 _197
程序员会不会失业 _201
失业和铁饭碗 _206
什么才是先进服务业 _210
养老只有一个解 _213
人工智能救不了养老 _218
佛系少年 _222

第五章
不确定时代的财富思维

读书时代的消亡 _226
学徒制的返潮 _230
眼界那些小事 _233
主角般的成功 _236
加速度的公平 _239
富翁每天可以花多少钱 _244
给你1000万元，你要不要 _248
商家杀熟，该不该谴责 _253
尾部效应 _258
真正的技术 _262
中产的力量 _266
企业在什么情况下一定会倒闭 _269

第一章

你不了解的宏观经济

我命令，把钱赶到实体经济去

// 经济学，太复杂 //

💰 失血论

我曾在微信上看到过一篇名为《2018中国经济的一些走向和个人应对思考》的文章，把房地产痛骂了一通，我对这篇文章的观点持否定态度。

在这篇文章中，有一个非常典型的老生常谈的论调：钱都去房地产了，那实体经济怎么办？其实，早在2002年，一些人就开始满怀怨气地控诉房地产的种种"罪恶"了。他们搜肠刮肚，绞尽脑汁，最后找出了这种看似合理的说辞——钱都去房地产了，剥夺了其他产业的发展机会。

于是，各行各业，无论是卖彩电的、卖冰箱的，还是卖汽车的、卖塑料铅桶的……纷纷开始吐槽内需不振。因为钱都被房地产吸走了，他们不能再闭着眼睛、毫不创新就能坐享不低于30%的年复合增长率了。如今，这篇文章也继承了这个观点，甚至大声喊出了"计划经济"的口号，号召通过调参数把信贷多往实体经济赶一点，让进入房地产行业的资金少一点。

从经济学的角度讲，这个观点是彻头彻尾错误的。

货币本身是没有意义的，好比我们吃一碗35元的拉面，其价格标0.35元、3.5元、35元、350元，甚至35 000元，都是可以的，没有任何区别——所谓资金不足导致实体经济运转困难的道理，也是根本不存在的。假设中国的总货币供应量（M2）是200万亿元，房地产占60万亿元，实体行业占140万亿元，那么在真正的经济学中，无论实体经济是这140万亿元，还是14万亿元、1.4万亿元，其实都是等价的，哪怕留给实体经济的现金只有140亿元，经济依然可以正常运转，不会有任何问题。

如果留给实体经济的M2真从140万亿元降到14万亿元，那么就会出现所有商品的物价都要砍掉一个零的情况。比如你去吃一碗拉面，原来卖35元一碗，现在商家仅收你3.5元；你去商场买一台彩电，原来卖6000元，现在只需要600元；你原来的工资是15 000~20 000元/月，现在变成了1500~2000元/月——唯一不变的是，你之前卖不出去的商品，现在依然卖不出去。

所以，那些把内需不振的帽子扣在房地产头上的理论，完全不成立。即使把房地产抽走的60万亿元资金弄回来，购买力看起来似乎增加了，但卖塑料铅桶的小老板依然不会挣大钱。因为在经济学中，如果产能没有增加，只是单纯的货币增加了，必然会引发通胀。塑料铅桶是卖出去了，售价也增长了，小老板过了两三个月的快乐时光后很快就会发现，原材料开始涨价了，工人们也跑过来喊着要涨工资了。零售价和成本一样，都在以不低于20%的增速上涨。当小老板拿着赚的钱出去消费时，会发现，拉面涨价了，汽油也涨价了……一切又回到了原点，大家的生活质量没有得到任何改善。

如今，开家小厂，就能闭着眼睛每年增长30%的好日子已经过去了。在过去的10年里，仍然有很多企业活得很好，因为这些企业励精图治，抓住了移动互联网、大工业化、人工智能、数据链、云计算等风口，而不是坐在家里，整天抱怨。

💰 二元经济悖论

有人可能会问："不是还有一个60万亿元的房地产市场吗？这60万亿元难道不是占据资源？"

这其实是一个"二元经济悖论"。还是以全国的总M2为200万亿元举例，假设我们存在实体和房地产这两个市场。第一种是常规的140+60，实体经济占140万亿元，房地产占60万亿元。第二种是比较极端的120+80，就是把资金往房地产市场赶，这就会导致通货紧缩和房价飞涨，实体经济虽然难熬，但是成本和售价都会下降，该卖七万个塑料桶，还是卖七万个，大家最终扯平，只是眼红房地产商赚钱。第三种情况是140+80，这种情况下，M2增长10%，总额变成了220万亿元，实体经济的还是140万亿元，而房地产增加了20万亿元，成了"M2蓄水池"。而我说的"二元经济悖论"，主要就是指第三种情况。

那么，大量资金涌入房地产，导致房价高涨，会不会吸引更多的资源来建设房子，从而耗占钢筋、水泥和人力呢？如果是一个基本功很扎实的经济系学生，一定不会说出"房价暴涨，耗占社会资源"这种谬论。因为正确的经济学理论的逻辑链条是：价格暴涨可赚钱—吸引更多资本进入—开发更多供应—价格下跌。在经济学中，房价的暴涨必然会吸引大量的资源，那么准备造铁路、大桥的钢铁，准备搞生态农业、码头货栈的土地，都被用来盖房子了，这叫作"实体经济失血"，最终的结果会由于"转性"土地非常多，楼市最终崩溃。

但是在中国，所谓的"实体经济失血"其实是不存在的，房价的上涨还有包含M2在内的更深层次的原因。这就意味着，房价你可以涨，甚至可以翻倍、暴涨，即使是从3000元/平方米暴涨到70 000元/平方米，供应也绝不会增加一根钢筋！所以，上文提到的"经济学链条"是切断状态，无论房价怎么涨，我们都没有增加供应，因为开工量和价格完全没有关联，那些说房价的上涨会侵占实体经济资源的论调，完全错误。

结语

中国既要发展汽车业,又要发展手机业,还要发展大飞机,还要打造芯片产业……每个人都清楚,只有实业才能救国,所以钢铁、电子、汽车、飞机都获得了优先发展,而在国家急需的各种物质文明中,房子是最低优先级的。传统的西方经济学说"资金流入,侵占其他行业",这是在资本恣意流动的情况下说的,而我们要想卡断房地产的喉咙,办法十分简单——不给颁发建筑许可证即可。缩减供地规模,只要严格控制一手房的开发,哪怕涌入再多的资金,也不会耗用钢铁水泥产量,供应不增加,最多房价贵一点而已。

产业升级是什么东西

// 消费升级就是每个中国人都可以过上富裕的生活 //

💰 消费欲望

前段时间去某三线城市出差，一位朋友请我吃小龙虾。餐馆里宴开一百桌，一路排出去直到江边，食客们吃得兴高采烈。看着眼前火爆的就餐景象，我不禁想起一个长期困扰我的问题："产业还可以如何升级？"

在我看来，产业是没法升级的。好比这次出游：坐三小时的飞机，下飞机后入住五星级酒店，出入都有朋友开着豪车接送，大家包一个院子吃饭，有四个服务员帮忙服务，餐后大家一起拿出手机刷抖音。

你说这还能怎么升级？所谓的"消费升级"，指的是让人更快乐，或消费更多，但是我现在已经非常快乐、非常满足了。

很多生活在三四线城市的人，他们白天喝茶，晚上聚餐，每天工作不足五个小时，而且房子超便宜，没有房贷压力，省下来的钱买了豪车……他们已经超级无敌快乐了，你说该怎么升级？经济还能怎么增长，难道要靠把房价炒高吗？可单纯的高房价，并不是幸福。

我把自己的想法告诉了这位朋友，他听了哈哈大笑，然后给我讲了一个关于图们的故事。图们是一个县级市，位于中朝边境，与朝鲜隔江相望。这边的人远远望去,能看到对面金黄色的油菜花海,还可以看到20世纪50年代的蒸汽火车头。

朋友有一次去图们,面对这种异国情调,当然是要拍照留念的。于是他调好了光圈,请身边路过的一位穿着风衣,戴着毡帽,温文儒雅的男士拍照,对方接过相机,说了一句让朋友终生难忘的话:"难道,这个就是传说中的照相机吗?"

是的,这句话就是一个看起来明显是知识分子,处于中产阶层的男士说的。然后,他又问了一句让朋友更吃惊的话:"可以直接对着人吗?"接下来,朋友开始耐心地教他如何拍照,这位男士帮朋友拍完照以后,兴高采烈地走了。

说完这个故事,朋友撕了一只虾,又嚼了两个虾球,接着说:"美国参议员可能是全世界权力最大的人,可你知道100名参议员中,没有护照,从没出过国的有多少?大概占90%。这个世界和你想象的不一样,现在你觉得这家店很火爆,吃小龙虾的人很多,但是中国有近14亿人口,又有多少人吃过小龙虾呢?真实的数据是,全中国吃过小龙虾的人不足1%,因为小龙虾产量有限,而且现在涨价这么快,178元/盆,以后这个比例可能不足0.5%。

"吃完这顿小龙虾,你跟我到后巷走走,那里有厨师,有洗碗工,有倒泔水的,还有每天凌晨4点送菜的……你以为我刚才说的那个不认识相机的人是一个笑话?那你就错了。你问问后巷这些人,没见过照相机、没见过智能手机的有多少?而且这还是在城里,不是在乡下,你认为'习以为常'的生活,其实根本不习以为常。你以为没事四处飞、出入高档酒店、买车不看价格、每天一顿小龙虾算低档消费,其实这些消费对中产阶层来说都已经是'奢侈性消费'了,而对真正的穷人来说,就是'传说性消费'了。真正的穷,是父母辛苦打工一年,给孩子带回去的不是贵重的玩具,而是一瓶可口可乐。"

消费升级

人类很容易犯一个错误，那就是高估"新"的东西，而低估"普及"的东西。比如辉瑞公司上市了一款新药，占销售额总量还不到10%，却使得股价暴涨翻倍；马斯克回收火箭就被称为"硅谷钢铁侠"，但特斯拉其实一直处于严重亏损状态，甚至已到了难以为继的地步。

对经济增长的认识，绝大多数人犯了同样的错误。拿上海土生土长的90后来说，几乎每个人都有过小时候"赴酒宴，吃大餐"的记忆，因此当他们评估餐饮业时，很容易低估其成长空间，会自然而然地认为："这些东西我们小时候就有了，几十年没有变化。"

但真实情况是什么样呢？上海一直到1988年，才出现第一家外资五星级酒店——位于静安区的希尔顿酒店。在当时，五星级酒店是极度稀少的，仅属于少数有钱人能去的地方，甚至静安饭店的清炒虾仁，一度还成为当时上流社会的接头暗语。

到了2017年，上海的五星级酒店已超过70家，豪华酒店的普及人数超过几十万人，普通人也可以轻松负担五星级酒店的住宿费用，这时的酒店在形态和服务功能上虽然没有进化，但酒店业的GDP却翻了几十倍。

有的时候，科学的大规模普及和科学技术进步一样重要。在民用航空领域，波音737面世于1967年，迄今已有50多年的历史。虽然你完全可以说你小时候就坐过飞机，现在仍然坐飞机，所以消费并没有升级，但是要知道，中国民航业的乘坐人数一直以每年两位数百分比的速度在增长，现在全年已超过5亿客流。

你的消费虽然没有升级，但消费者的渗透度却在不断增加。以前麦肯锡曾流传一个笑话："每个中国人每周多吃一只鸡，中国的GDP会增长多少？"会增长多少呢，你可以自己算算。

第三次工业革命

我们设想下一个上海白领的生活：每月家庭消费30 000元（含房贷），每年出国旅游一两次，年终犒劳自己买个包包。虽然日子有点紧，但也过得去。这样一种生活，如果换算成美元，这个小白领的消费就变成了30 000×12÷6.29≈57 200美元（此处汇率以本文的写作时间2018年4月14日为准），这个数值已经超过了70%的美国家庭。也就是说，即使完全不靠任何新科技推动的生产力进步，只要全国人民都可以像这个白领一样活着，中国的GDP就会是美国的四倍。

当然，目前不可能每个中国人都能达到这个白领一样的生活水平。但我想说的是，实现这个目标其实并不难。人类已经经历了四次工业革命，第一次工业革命的行业以煤炭、纺织为主；第二次工业革命以电力、钢铁为主，GDP10 000美元；第三次工业革命以电子、汽车为主，GDP30 000~50 000美元；第四次工业革命的主角是材料、生物。就前三次工业革命的技术而言，中国已处于"完全掌握核心技术""技术能力供大于求"的状态。如果把我国每个省份都看作一个独立经济体，那么每个省仅凭借"吃透工业3.0"这一招，就可以达到人均GDP两三万美元的水准。中国是一个"均一市场"的大国，资源可以在国内自由调度，这意味着中国会更富裕一些，人均只会比上述水平更高：人均10 000元工资，GDP就是20 000元。

做到这一点困难吗？看看每天给你送餐的美团外卖"三星骑士"吧，他们每月都有六七千元的工资。

席卷

工业革命肇始于英国，然后逐渐传递到对岸的法国，再传递到德国，接下来是俄国，再往下是中国，最后传递到了非洲。中国内部发展的情况也差不多，沿海地区最早进行了改革开放，然后传递到中部地区，接下来是西部和内陆山区。我们目前的状态就像是一台推土机，只要把越来越多的人口、地级市捆绑到"现代化"这台推土机上，国力自然会增长，GDP自然会增长。从某种意义上来说，我对中国成为一个超级大国并没有太多疑虑，甚至我们都不太需要创新，只需要普及科学，就可以实现"超级大国"这一目标。

什么才是宏观经济学

// 纸币永不灭 //

微观经济学

微观经济学是关于"为人处世""在储蓄和消费之间选择""在价格和品质之间选择"的一门学问。

这里举一个例子,假设张三每月的税后工资是10 000元,他按如下的方式分配月薪:净储蓄2000元,房租2500元,吃饭2500元,交通500元,衣服和淘宝购物1500元,休闲1000元。按照这样的方案,张三在"消费/储蓄"中做出了80∶20的抉择,在衣食住行四大类中,做出了15∶25∶25∶5的分配。这是一个简单清晰、安置妥当的分配方式。

张三的房东是李四,有一天他找到张三,告诉他房租要涨价了,从每月的2500元上涨到3500元。这时的张三,应该做出怎样的调整,才不至于手足无措呢?

微观经济学对此的解释至少涉及两个效应:替代效应和财富效应。

先说替代效应(如表1-1)。人类是否会购买一项服务,取决于消费能获得的满足感,衣食住行中任何一项消费变贵了,都会相应减少该大类的消费量。比如韩国人爱吃牛肉,如果牛肉的价格上涨了,那韩国人就会少吃牛肉,这部分钱可能多买了化妆品,也可能多买了其他服务。

所以，相应地，房租上涨也会促使租房者搬去地下室或者郊区，维持"住房类消费占25%"的恒定安排。

表1-1 替代效应　　　　　　　　　　单位：元

	原本	涨价后
储蓄	2000	1800
房租（+1000）	2500	3200
吃饭	2500	2300
交通	500	450
衣服购物	1500	1350
休闲	1000	900

财富效应是指任何一种物价的上涨，都意味着财富的缩水和生活更艰难，所以受影响的不仅仅是住房类消费，而是每一个大类的消费都减少了。比如以前每到周末都会下馆子吃点好的，但是房租上涨了，以后每个周末只能在家咽口水了。

替代效应和财富效应确实容易让人看不懂，因为每次涨价行为都可以拆出"二次"效应来（如表1-2）。

表1-2 "二次"效应

	财富效应	替代效应
住房类消费	减号	减号
其他消费	减号	加号

看到表1-2里四分之三的"减号"，张三心中充满了愤懑，一定要打倒万恶的房东，他们"害"得自己不能每周下馆子了。

讲完了微观，再讲宏观。如果把张三的样本扩大1000万倍，研究1000万人口，是不是就变成宏观经济学了？可以试着想象一下，每个月的消费动辄就是千亿数量级的，恐怕跺跺脚就会震撼金融市场，所以一定要上大数据、大人口样本，算算平均数、中位数、离散数，甚至还要算算基尼系数，是不是听起来特别高大上？如果你认真看到这里了，那么恭喜你，我要告诉你，我之前写的全是错的，因为当今你看到的微观经济学几乎就是错误和谬论的大集合，在宏观经济学的眼里，微观经济学甚至都不能算科学。

宏观经济学

　　宏观经济学研究的是买家和卖家的整体，也就是研究"租客张三+房东李四"，正所谓"一人所失，即为另一人所得"，当放弃局部放眼全局的时候，结论是不一样的。举个例子，汽车需要燃烧汽油实现驱动，但是目前内燃机的效率非常低，六缸发动机只有35%左右，一箱汽油释放的能量只有一小部分转化为了动能，绝大部分转化为了热能、噪声和发动机磨损，白白浪费掉了。有些人会觉得惋惜，觉得这是能量的净损失，甚至会因此得出整个地球石油不够用的结论。但是对拥有理科思维的人来说，如果能够把散发到道路、大地、路基和花草等处的汽油能量全部收集起来，那么总能量其实是守恒的，对地球而言，加温效应等同于燃烧一吨燃油。

　　货币也一样，要遵循货币守恒定律。对个人来说，或许存在"月薪一万，付了房租就不能再买手机"的情况，但是对经济整体而言，并没有购买力不足的问题，因为货币投放到市场后，除非你拿来点烟或者当厕纸，几乎所有人都会小心翼翼地保存，数量永远不会减少，永远不会消失。

　　明白这些道理以后，再把"张三+李四"当作一个整体来考虑，你就会发现所谓的"购买力消失"，根本是无稽之谈，因为租客张三失去了2500元购买力，房东李四却获得了2500元购买力，这就是"一人所失，即为一人所得"。所以张三在哀叹房租涨价，侵蚀了他的购买力，再也不能每周下馆子的时候，李四却每天都去下馆子，饭店生意火爆，根本不需要担心内需、购买力。

有一些声音叫嚷着,要把钱都赶到房地产市场,然后把房地产市场冻结、锁死。要注意,钱不是工资,工资是消耗性的,而钱就如同地球上的水,是不会消失的。你花500万元买了一套二手房,在你付款完成的下一秒,房东获得了500万元,你失去购买力的同时,房东获得了购买力。拿到钱的房东庆祝一下,去烟酒店买一瓶好酒,烟酒店也获得了购买力。你根本没有办法"锁死"货币。

如果购买的是一手房,那么这个链条则更加明显:建筑商、园林绿化、装修、企业融资、营销销售、家电、公积金贷款、工地民工……链条上有很多人,你失去500万元的购买力时,可能有数十、上百人拿到了工资,他们的购买力都增强了。

宏观经济学之诬

在生活中,微观经济学很容易被某一个群体、某一小撮人利用,用以算计他们自身的利益。微观经济学关心的是张三的利益,即如何确保个体利益最大化。一个人如果醉心于微观经济学,很容易提出诸如医疗费要降价、教育费要降价、房价要降价等无理要求。他们没想过,如果医疗费、教育费和房价都降价,就是在直接剥削医生、教师和基建的劳动者,这样的人就是精致的利己主义者,自私自利,竭尽所能为自己谋取利益,丝毫不顾全局和公平。

大众的利益、整体的利益,也是不能忽视的。宏观经济学关心的就是"张三+李四"的整体利益,关心的是公平。医生、教师和建筑工人难道不需要赚钱养家吗?凭什么别人都要降工资,就给你涨工资?微观经济学最终养活的是一个精致利己主义群体,而宏观经济学却可以带来真正的公平。

普及正确的经济学,迫在眉睫。

为什么滨州那么穷,为什么香港那么富

// 两相对比,若有所悟,小有心得 //

💰 滨州

我认识一个阿姨,50多岁,无知无畏,被老乡骗到外地,从事一个"很有前途的职业"——在山东滨州的两所技术学院周边卖白粥加烙饼。去年春节见面,阿姨愁容满面,我嘴上说着"恭喜发财",敬了一块银鳕鱼,恭敬地问:"最近生意怎么样啊?"

"唉,别提了,赚不到钱。"

"学生的生意还赚不到钱,是不是单价太低了?"

"还好吧,一份白粥加烙饼,卖2元。"

……

聊到这里,阿姨算是把天聊死了,我稳了稳情绪,接着问她:"你们卖粥的,属于辅餐小食。卖正餐炒菜,或许更赚一点。"阿姨无奈地说:"我们就是正餐,一份白粥加一个烙饼,算套餐,卖2元。"

我不死心,又接着问:"那晚餐呢,晚餐会不会豪华一点?"

阿姨的回答让我哭笑不得:"客户晚餐吃中午剩下的烙饼。"

我又问她,有没有试过产品升级、改善产品线、卖更高附加值的产品等,阿姨的回答是:曾试过推出高端产品"大大大大脸烙饼",4元一个，管饱一整天。结果却因为挨着测绘学院，每个学生的手机里都装着测距软件，学生根据焦距、角度、摄像头、视频光线，就能拍照自动推算出大饼的直径、厚度、曲率，然后输入质量换算公式，结论是：一个高级"大脸烙饼"的体积，面粉含量还不如两个小饼。结果可想而知，销量惨淡。

我还是不死心："要不，您试试烤串，啤酒撸串，销量一定好。"

"环保、城管查得严，烧烤都停了。"

"那卖点蔬菜、水果？"

"山东那地方，没人吃新鲜蔬菜。一到冬天，家家户户吃大白菜，囤了一窖子。你卖两斤萝卜，老大爷可以跟你砍一小时价。"

"那如果上海亲戚来，想吃车厘子，卖高级水果呢？"

"我出去问了，别说卖水果的店铺，就连批发集散中心都没见过。100元一斤的樱桃，根本没人吃，也就没人卖。"

我忍着满头的黑线，继续问道："那么，卖六合彩、P2P、保险和ICO的人来过吗？"

"前两年来过，跳楼了一批。现在也都关门了。"

"互联网呢，互联网的春风吹拂大地。美团、饿了么，那可是大大的有名啊。"

"别提外卖了，说起来都是泪。俺们这里每单10元起送，够良心了吧，可外卖小哥送了一次，发誓再也不送了。10元的外卖，居然是五个寝室点了五碗粥'众筹'才买的。小哥在每个寝室门口都要等，根本不赚钱，就没人送了。"

接下来，我们又在耐克鞋、网吧、女装店、足浴店等方面，进行了亲切而诚恳的交流。

我磨破了嘴，绞尽脑汁想找出一个赚钱的办法，最后得出结论——活着真不容易。

像山东滨州这种地方，就是一个人力成本无限接近于零的地方，因为赚钱机会太少了，工作岗位和产业太稀缺了，导致任何服务业都无法开展。所有人都恨不得把"附加服务"统统剥掉，亲力亲为。人力价值如此之便宜，整个城市的GDP也就很难上去。

香港

在这次聊天后，我又到香港住了一段时间。下了飞机，机场快线转港铁，从铜锣湾出来的时候，照例被地铁广告所吸引——佘诗曼的减肥广告，陈豪的生发广告，曾志伟的中药堂广告，这些都是千年不变、雷打不动的。广告灯箱做了一些技术升级，目前多了很多视频，主打的是当季热播的电影。

我曾思考过这样一个问题：香港的娱乐业养活了多少人？有一次，我在卡拉OK点歌，华人女歌手有名有姓的在600位左右，考虑到这些都是出过唱片的，没出过唱片的估计还要再翻几倍。而宝丽金唱片的历史也不长，这600位女歌手大多数都应该还在世。进一步思考，有基本组织常识的人都知道，这600人都是台前的，中台加后台，整个系统人数肯定远超600人。亚视和无线，还有整个电影工业、歌手、广告人……香港娱乐圈40年积累下来，从业人员至少有六七万人，占香港人口的1%。

除此之外，香港的警察队伍有3万人，消防处有1万人，考虑到40年轮换，爸爸辈、爷爷辈目前都还在世，那么在目前730万人口中，应该有10万人左右是从事过警察、消防职业的，大概占到总人口的1.5%。

这张清单还可以无限延伸下去，西铁和港铁也是庞然大物，地铁公司向来人多；建筑业和港口设施业属于劳动密集型，人也不少；餐饮业是最大的单一产业，贡献了香港20%的GDP，也承担了20%的就业。

同样是在香港，我去海洋公园玩，在熊猫馆门口有两个穿蓝衣服的学生工，工作是检查有没有外带食物。到了场馆内，有引导和讲解员，场馆出口的纪念品商店里四五个售货员在工作，算下来，一个场馆的工作人员在10人左右。海洋公园每天营业时间是早8点到晚8点，共12小时，每周不休息，7天就是84小时。香港法律规定，每人每周的合法工作时间是40小时，那么维持公园的运转至少需要两组人，再加上节假日、每周轮休、年假等因素，甚至需要三组人来轮换。

你看，为了照顾几只熊猫，就可以给30人提供高档体面的工作，而整个海洋公园有几十个馆。兴建一个乐园，就可以提供5000~10 000个就业岗位，而香港还在上班的一共才多少人？

曾几何时，我们认为香港是"东方之珠"，遍地都是黄金，香港人全都是高人一等的小马哥、刘德华，博柏利（Burberry）的风衣一披，手执两把"沙漠之鹰"，再涂上半斤发胶，其气势和派头让你恨不得把录像带揪出来。可是我们和香港人接触得越来越久，会发现香港人也是普通人，香港警察和内地警察一样是警察，内地的消防员跟香港也没有区别，都十分恪尽职守。

如果把香港的产业一一拆开，无论是餐饮业、建筑业、交通运输业，还是警务、教育、娱乐业，你会发现香港和滨州的就业领域有将近90%是重叠的，仅仅在"国际金融中心"方面有小小的区别。

那么，为什么香港的经济总量是滨州的几十倍呢？在香港听一场粤剧，地铁海报显示价位为680/980/1380港元，同样在滨州听一场地方戏，可能收费10/20/50元，这里面的艺术水准有区别吗？凭什么香港一堂瑜伽美容课，就可以卖1200港元，而在滨州找一个扬州师傅帮你按摩，且保证连皮垢都给你搓下一层来，却才收你40元？

价格为什么会相差几十倍呢？

💰 价值中枢

上边这个问题，我的答案是"价值中枢"出了问题。
举个例子解释一下。假设人类存在三种需求，分别是：
A：高级情感（个性品位的需求）；

B：中级需求（坐空调车的需求）；

C：基础温饱（吃饭的需求）。

当人类极度贫穷时，C绝对是最主要的需求，这时的人类，一切的生存与奋斗，都是为了吃饱。在这个基础上，如果C＝1的话，B=0.1，A=0.01。

但在生产力得到极大发展后，"吃饱"早已不是问题，人们会追求"有质量的生活"，进而追求"个人的体面和自我实现"。例如上文提到的香港，在生存需求C=1的情况下，舒适质量B=10，个性释放A=100。这种社会具体的表现，就是极度夸张的消费。在香港，稍微上点档次的奢侈品就非常贵——吃一条普通的蒸鱼要4000多元，名牌衣服、手表动辄数万元，稍微好点的酒店，价格是深圳同等质量的两倍不止。

当滨州遇见香港，当土星遇见火星，两种价值体系撞在一起，你排出了ABC，我也排出了ABC，你的A+B+C的总GDP是1.11，我的A+B+C的总GDP是111，我比你富100倍。

但真的是这样吗？其实这是一个假象，问题出在"度量衡"上。

在滨州，物值钱，人力不值钱；在香港，人值钱，物不值钱。当我们把滨州和香港进行比较时，却把我们最值钱的东西，去和人家最不值钱的东西做对比，所以，远远高估了香港的真实实力。

现行的GDP计量方法有很大的缺陷，它的等价基石是"可贸易商品"。在统计口径的选择中，又选择了一些关系国计民生的东西，具体来说，就是食品和能源的比重太大，人力和人心的比重太低。100∶10∶1∶0.1∶0.01的情况，就是用了这种吃亏的算法。

结语

香港回归的1997年，其GDP有内地的20%，但从体量和规模上来看，国际公认中国是一个超级大国，香港地区则是一个弹丸之地，连与中国内地相提并论的资格都没有。这也说明，有些指标看似强大，其实失真很严重。韩国的GDP是朝鲜的近百倍，但真实国力的差距绝没有这么离谱。GDP在衡量一国国力时，甚至都没有工商业总产出有效。中国香港根本不可能有整个中国20%的体量和地位，1%还差不多。

　　有些地区的落后，仅仅是因为统计方法对它不利，只要跨过了工业革命这条温饱线，当人类生存不再成为问题时，各种消费品的价格就会不断上升。换言之，只要你想"刷GDP"，你可以推高心灵鸡汤的价格，一直到无限高。

　　中国近40年的GDP可以升那么快，部分原因在于中国本来就是一个大国，之前因为计算方法的不利，把类似于滨州这样地区的产出算得近似为零，因此，中国的GDP在20世纪90年代还不如一个小小的荷兰，我们的真实实力虽没有达到世界第一的水平，但也不是所谓"人均数据"体现出来的那么弱小。

刷GDP高手

// 一个极品，胜过一百个庸品 //

💰 民富

在这个世界上，任何事情只要制定了游戏规则，就有办法攻破。同样的道理，当各国的统计逐渐转向GDP考核，只要是用GDP来计算经济成绩，就有办法攻破。这就如同刷某宝榜单一样，只要精通了其中的原理，GDP作为一项指标，也是可以"刷"的。

在上一节"为什么滨州那么穷，为什么香港那么富"中我曾经提到，滨州的就业产出其实和香港差不多，可是在GDP数字上却天差地别。大家都是公交车司机，一个月薪2000元，一个月薪2万元都不止。其实这里有一个核心的分水岭，可称为"民富"。

最基本的食物，可以保证卡路里、蛋白质的摄入。

最基本的衣物、日用品、奇瑞QQ。

最基本的娱乐、盗版CD、免费网络游戏、广场舞。

当一个人饿极的时候，会不惜一切代价来让自己吃饱。当吃了8个馒头之后，再吃多少也没有意义，这就是基础温饱的分水岭。只要人类解决了这一需求，自然会去追求"声色犬马"，服务业就会呈爆发式增长，人们愿意买3000元一堂的减肥指导课，哪怕同时期的馒头才卖3元钱一个。

在20世纪60年代，香港和内地走上了不同的发展道路，香港很早就跨过了温饱阶段，进入了"服务业无限计价"的阶段。假如我们把基础温饱的价格定义为1元，则香港人为中等享受、高档产品愿意支付的价格，可能是B=10，C=100（计算方法参见上一节）。

GDP高得吓死人。

另一方面，内地改革开放前的一些欠发达地区，长期没能跨过"基础温饱"这条分水岭，一些偏远地区的人们长期觉得基础生存还在受到威胁，自然花起钱来缩手缩脚，丝毫不肯浪费。就算山东这样的GDP大省，GDP大头也多在石油、化工、汽车、机械制造等大型国有企业手中，收入直接进国库，用以支援各地建设，而普通山东工人的工资却只有几千元。因此，类似滨州这样的地区，仍处于基础温饱阶段，现代服务业GDP虽然存在，但计不出高价来。

刷GDP

那么，该如何刷GDP呢？

其实"刷高"GDP的关键，在于尽快跨过基础温饱线。人均GDP一旦超过7000美元，后面的GDP增速会像网络游戏开了挂一样猛。例如北京、上海、深圳这样的一线城市，早已经跨过这条线，本身经济实力异常发达，不知不觉中，本地的西餐、日料、泡澡、遛鸟等服务业就有了大规模的消费者。

说回上一节提到的人类需求的假设，A——高级情感，B——中级需求，C——基础温饱，只有当C获得满足时，A和B才有市场。需要注意的是，A和B几乎可以无限增长，"你服务我，我服务你"，不消耗原料。

服务业产值高企的秘密，关键在于A＝100C，当一个人解决了基础温饱，往往会陷入空虚，无所事事，自然就会愿意为一些情感上的触动来支付高的价格。比如某些人可能会花费数百万去买一幅画，一张黑胶唱片，一个张国荣的签名。这些物品在滨州可能都是不值钱的，在香港却都能变成GDP。所以，"刷GDP"的关键，是要让国民尽快度过温饱阶段。

刷GDP之妖刀

我们已经知道，刷高服务业GDP的方法是A＝100C。

金风玉露一相逢，便胜却人间无数。一个极品，胜过一百个庸品。

但如果生产力还未达到这个水平，人们刚刚过了基础温饱阶段，花起钱来还畏首畏尾，这时的A＝30，该怎么办？

答案很简单：降低C。A＝30，C＝0.3，不也正好是100倍吗？具体做法就是"发补贴，压低基础生活品价格"。举个简单的例子，丹麦的人均GDP是53 400美元，马来西亚的人均GDP是9500美元，丹麦就一定更富裕吗？

这还真不好说。

丹麦人均GDP是很高，可是你在哥本哈根随便找家餐馆坐坐，一杯白水就收你8欧元。如果把当地人的收入换算成消费，也就只能买几瓶酒。北欧的人均GDP长期位居世界第一，"刷汇率"是很大一部分原因。他们参与国际贸易的几样东西，价格都压得特别低，汇率被极大高估，因此政绩报表好看。

除了国与国之间的汇率操纵，还有一种是经济体内部的价格体系操纵。譬如，在美国，每月只需一两千美元就可以活下去。甚至可以不工作，也完全养得起6~8个孩子，因为美国政府对基本物质生活补贴得非常厉害。美国大概有4500万人，也就是将近15%的人口，在领免费的食品券，其中很大一部分人干脆就是靠此生活的，前提是你能忍受得了公立医院、公立学校和公立住房，这些政府提供的服务，就别期待品质了。

有时你和美籍华人聊天，他们总是和你说"其实美国物价也不贵，一大磅的牛猪羊肉，冰激凌买4加仑装的，折算下来的单价比中国还便宜"。这些言论你当笑话听听就好，美国所有便宜的东西，都是穷人吃的。只要稍微上一点档次，价格顿时2~5倍起，100~200美元的消费很平常。举个例子，你要想在湾区过上半体面的日子，年薪至少要达到12万美元，就这还是苟延残喘，捉襟见肘，过得像狗一样的生活水平。

美国政府的策略十分明确，ABC产品中，C类"基础温饱"产品是可以大额补贴的。无论是面包、牛奶还是黄油，C=0.3，底层人民要想维持8万美元的生活水准，除去补贴自己只要掏2.5万美元，而你的12万美元可是实打实要掏12万美元。美国对低端产品的补贴，使得中产阶级产生了幻觉，以为自己年薪几十万美元，已经过上了体面的生活，其实刚刚到温饱水平。

荷兰病

// "荷兰病"真的很严重吗? //

💰 石油诅咒

我曾在微信上看到过一篇名为《希望与危机——东北经济的未来十年》的文章,这篇文章内容颇为有趣。顺着它的内容,我整理了一些想法,写在这一节中。

首先,为了讲清楚这节的内容,我先讲一个关于荷兰的故事。

荷兰素以其著名的"荷兰病"闻名欧洲,经济学科班学生应该对这个词毫不陌生。欧洲西北角有片海域被称为"北海",在国际法上,这里属于英国、荷兰、挪威三国共有。1959年,荷兰石油公司在北海意外地发现了格罗宁根气田。

在此之前,整个欧洲大陆都被认为是贫油地区,全欧洲只有罗马尼亚有少得可怜的一点石油矿井。"二战"时期,希特勒为了区区1000万吨的石油产量,就把战略重心极大倾斜,非得横穿匈牙利、南斯拉夫,拿下罗马尼亚,就是因为全欧洲都没有石油。一旦英国实行海运封锁,德国连飞机、坦克都发动不起来,因此,用兵边远之地,实为迫不得已。

1959年,荷兰意外发现近海就有天然气和石油,距离欧洲主要的工业国还特别近,政治军事上都安全,产油量最高可达到1亿吨/年,是罗马尼亚的10倍，这实在是令人喜出望外。直到2014年苏格兰独立公投，独立派一个重大的理由，就是脱英之后可以独享北海油田。挪威福利富甲天下，靠的也是500万人独霸三分之一的油田。荷兰第一个发现油田，也是第一个开采的，其直接结果就是荷兰皇家壳牌石油公司的兴起。借着20世纪70年代的石油危机，油价暴涨，荷兰着实发了一笔横财。那么，对荷兰来说，"横财"是不是好事呢？

有些经济学家认为，这不是一件好事。

因为石油业一旦兴起，就会逐渐"吃掉"大量就业人口。荷兰一共就这么点人，石油公司要招人，就只能从人力市场上招。原本做厨师、卡车司机、警卫保安、电子工程师、网络工程师、汽车火车机械的人，都被扯去干石油工业了。相应地，饭店老板招不到小工，运输公司招不到司机，警察队伍招不到警员，汽车制造业招不到工程师……石油工人，作为一门收入很高的工种，可以给出很高的工资，按照边际效益相等的原则，餐饮业要留住递菜洗碗的小工，就要给到比原来高得多的工资，整个社会的平均工资都被石油行业暴力拉升了。

所以，并不是每个人都钟情石油业，小企业主对其恨之入骨。本来，荷兰有些制造业、服务业，在欧洲颇有名气，汽车业和航天工业也拿得出手，可由于"石油效应"，人工成本普遍暴涨，这些产业纷纷失去竞争力，走向萧条。

当时的左翼经济学家对此十分不满，咬牙切齿地给这种现象起了个名字叫作"荷兰病"，也叫"石油诅咒"，指的就是一国（特别是中小国家）经济的某一初级产业异常繁荣而导致其他部门衰落的现象。

到了1982年，属于荷兰的北海油田接近枯竭，再加上当时国际油价低迷，荷兰的石油收入一落千丈，荷兰政府茫然四顾，才发现满目疮痍。当时，荷兰的人力成本和物价十分高昂，所有产品都高于欧洲平均水准，通货膨胀严重。同时，政府福利积重难返，赤字高垒，失业率暴增。对此，经济学家们盖棺论定：发现一个大油田，并不能使你致富；相反，会让你百业萧条，产品失去竞争力，实在是大祸啊！

是不是听起来很有道理？

嗯，我花了这么大的篇幅详细讲述"荷兰病"，其实是为了告诉你：以上全错！

经济学界关于大油田、荷兰、"荷兰病"的分析，全部都是错的，都是左翼媒体的意淫。

💰 荷兰复苏

荷兰经济崩溃发生在1982年。37年后的2019年，无论从哪个角度看，荷兰都属于发达经济体。2019年，荷兰经济在所有西方国家中名列前十，经济指标良好、财政稳健、科技发达，是全球数一数二的农产品出口国，人均GDP52 000美元。

1982年时，荷兰石油收入断绝，的确是失业高企，赤字严重，通货膨胀，所有产品都没有优势。但油是死的，人是活的，随着石油经济的崩溃，荷兰人也在不断调整心理期望值。当年欧元尚未出现，荷兰盾一贬再贬，随着汇率、人工价格跌掉三四成，荷兰整体的物价逐渐降下来，制造业、服务业也恢复了竞争力，外迁的产业逐渐又回来了。这就是奥地利学派[①]（下文简称"奥派"）和凯恩斯学派叙事风格的根本差异。

奥派认为，经济本身是活的，该认怂时就认怂，该降薪时就降薪，哪怕以前你在工厂里当领导，现在去看大门也未尝不可。但在凯恩斯学派的叙事中，衰退是不可接受的。凯恩斯学派特别喜欢夸大危机，一旦

[①] 奥地利学派：即奥地利经济学派，是近代西方经济学边际效用学派中最主要的一个学派。产生于19世纪70年代，流行于19世纪末20世纪初。因其创始人门格尔和继承者维塞尔、庞巴维克都是奥地利人，都用边际效用的个人消费心理来建立其理论体系，因此被称为奥地利经济学派。——编者注

说到通货膨胀、政府赤字、失业高企，仿佛就像天要塌下来。

凯恩斯学派是绝对不接受"世界末日"的。假设你以前是一个石油高管，月薪3万欧元。现在石油被采光了，您还可以回去烤面包，月薪3000欧元。可凯恩斯学派就死活不接受这个结果，一定要刺激经济，非得让大厨继续拿3万欧元工资。这怎么可能？

因此，信奉凯恩斯学派理论的经济体，衰退周期往往特别长，经济长期扭曲，就业长期不振。月薪3000欧元的人硬要拿月薪3万欧元，那就只能搞很多障眼法了，比如政府各种干预、层层管制，在欧洲，政府动不动就要收高科技企业的保护费。

我们批判左翼经济学家们对"荷兰病"的定义，主要想说的是：发一笔横财是好事。现在的一些新媒体小编总喜欢报道"环卫工中500万元大奖，三年后花光，一贫如洗继续当环卫工"之类的新闻。其实要这么想，这个环卫工在中500万元之前本来就是扫大街的，奖金花光之后，仍然干回本职工作，有什么不可以？毕竟中间的三年他享受了高质量的生活。

同样的道理，"荷兰病"并不是病。荷兰在1959年之前和1982年之后，在欧盟内部过的其实是差不多的日子，享受的也是差不多的地位；但1959年至1982年之间的23年，荷兰人享受到了挥金如土的生活，和中东土豪无异，这又有什么不好呢？

真正困难的是1982年之后的调整阶段，毕竟由奢入俭难，收缩肯定要比放纵痛苦。而且在西方国家，特别忌惮福利降低，"让老百姓勒紧裤腰带"，是很容易让内阁垮台的。

💰 东北

在那篇文章《希望与危机——东北经济的未来十年》中，作者列举了吉林省辽源市的例子。辽源原本是一座煤矿城市，之前在全国的煤炭城市中也是赫赫有名的。1990年前后，辽源的煤炭逐渐枯竭，成为典型的资源枯竭型城市。在吉林省内，辽源的城市排名也不靠前，要靠省内救济，恐怕是指望不上了，于是辽源另辟蹊径，向纺织业转型。哪怕你想破脑袋，也不会把一个煤炭城市和纺织业联想在一起。2016年，全国20%的袜子都是在辽源生产的。辽源这座城市，好比沉到谷底，又起死回生了。

这个例子，充分说明了"事情不会更糟糕"。有时候，虽然形势看起来很糟糕，但经济整体还是在向前的。现在全国的人力成本都很贵，如果你的人力成本便宜，迟早还是能吸引各种资源过去，实现经济复苏的。

一个地区的最终潜力，均衡状态下，应该是靠"资源禀赋+社会制度"。东北黑土地的资源禀赋得天独厚，营商环境是差了点，但终究也是有下限的。

合规的秘密

// 当合规深入到经济体的每一寸肌理之后，整个金融的逻辑就变了 //

几个月之前，参加了一个经济论坛。特邀嘉宾是某房产专家和我。

房产专家先讲，一讲就花了一个多小时，用了三十几页的PPT。我在下面记笔记，写了满满两大页纸。房产专家的水平，那自然是极高的。从宏观经济讲到央行货币政策，讲到金融市场10年期国债利率，讲到数量型和价格型调控，讲到70城平均地产走势。论做PPT的水平，房产专家大概比我强20倍。

等到我上场，我清清嗓子："呃，我一张图表也没做。""因为前边那位所有的图表，全都是错误的。"

对不起啊，既然拿了人家出场费，总要讲一点真话和干货。

💰 次贷危机

2008年，美国爆发了次贷危机，爆发的原因在于银行错误估算了一些不符合资格的低收入人士的"风险—利率"，违约概率算得太低，导致了这次危机。危机爆发后，美国政府紧急援助，联邦储备系统一口气把美联储的规模扩大了四倍,搞出了QE①1、QE2、QE3和QE4。美联储究竟花了多少钱呢?从资产负债表角度来看,大约是2.7万亿美元。关于这次次贷危机的评论文章与书籍早已汗牛充栋,但是内容大多千篇一律,大部分都是垃圾,真正的原创思想,罕见难觅。

从来没有人提出过这个问题:美国的次贷市场有多大?

全美的房贷余量总额有几万亿美元,而其中归入次级贷款的仅仅只有2000亿美元,按照一年5%的利息来算,如果全部由美国政府出钱,每年就是100亿美元的利息。

你有没有发现什么问题?如果美国政府肯拿出100亿美元替那些穷人还房贷,那么我们可以假装问题不存在,供款正常,天下太平。如果美国政府想一劳永逸,完全可以掏2000亿美元出来,把这些"毒贷款"全都买下,一刀剔除腐肉,干干净净。而民主党实际花了多少钱呢?2.7万亿美元。其中危机带来的金融市场波动,折算成消耗更是数十万亿美元不止。

为了防止房地产市场崩溃式下滑,当时的奥巴马政府更是推出了高达数百亿美元的"房屋补贴退税"计划,只要符合一定的要求,就可以获得利息减免、利息优惠、税收优惠政策。但实际上一点用都没有,因为如果推动实体经济有用,就不用从金融入手;如果实体经济能振兴,那也不用美联储放水2.7万亿美元。是哪里出了毛病?

问题在于,传统的金融模型已经穷途末路。传统的金融模型说:"利息降低,有利于企业融资,企业扩张产能。""利息升高,企业成本上升,抑制通胀。"而真实世界的金融模型,跟书本里完全不一样。

真实的金融模型是:没有人符合贷款资格!

---

① QE:量化宽松,Quantitative Easing,简称QE。指的是中央银行在实行零利率或近似零利率政策后,通过购买国债等中长期债券,增加基础货币供给,向市场注入大量流动性资金的干预方式,以鼓励开支和借贷,也被简化地形容为间接增印钞票。——编者注

💰 合规

其实从20世纪80年代，美国人就开始思考"金融市场和实体不一致"这个问题，以前货币政策是高度有效的，中央银行只要降低利率，过几个月就可以看见工厂烟囱浓烟滚滚，机器轰隆隆转起来了，到处都在大兴土木。可是1980年以后，金融和实体逐渐切断了联系，美联储降息的效力越来越小，加息被誉为核武器，渐渐也只对金融市场有效果，实体变得如同僵尸一样麻木。

这里面的秘密只有两个字：合规。

美联储对于贷款用途管制越来越苛刻，在最初的时候，借贷关系非常简单，只要一个人肯借，一个人肯贷，二者即可自由形成契约。渐渐地，借贷关系开始被要求是"正义"的。

1907年，美国爆发金融危机，议员们围攻J.P.摩根，他们要求每一笔贷款都必须是"正义"的。简而言之，就是要求所有的贷款只能发放给"做多"的，不能发放给"恶意做空"的。

J.P.摩根对此的回应是："不，先生，信贷的唯一标准是偿还信用。"这也是美国历史上，大金融家最后一次拒绝政客的要求。

1930年之后，美国政府对于信贷的要求变得越发复杂，政府甚至直接要求哪些人可以借，哪些人不可以借。比如当时整个苏联的敌对阵营如伊朗、伊拉克、叙利亚之类的都不能借，甚至不能和它们做生意。但美国政府自己却将大量的钱借给沙赫特（纳粹德国财政部前部长），纳粹德国的崛起，1933年希特勒缔造的经济奇迹，其中三分之一的资金来源是美国债券。等这些债券到期，希特勒还不起时，便爆发了世界大战。

再往后发展，美国政府不仅要管制"借给谁"，而且要管制"借钱干什么"。比如说美国有着极其严格的环保和劳工法，甚至还有"反歧视法案"，如果一家企业被裁定"LGBT不混用厕所"，立刻会被判定歧视，今后不论你的资信是多少，再也借不到款了。

1980年之后，美国人逐渐发现，信贷规律失效了，你降息0.25%，根本达不到促进经济、发展实体的效果，因为任何人都不"合乎规范"，能享受贷款的只有十分之一的特权群体。等到奥巴马执政时，美国SBA（美国联邦中小企业局）甚至搞出了长达2700页的《合乎规范企业信贷指导手册》。自此之后，再没有任何中小公司符合贷款要求了。

金融隔离

当合规深入到经济体的每一寸肌理之后，整个金融的逻辑就变了。如图1-1所示，这是传统的商业银行原理，它描述的是一个三层金字塔结构。

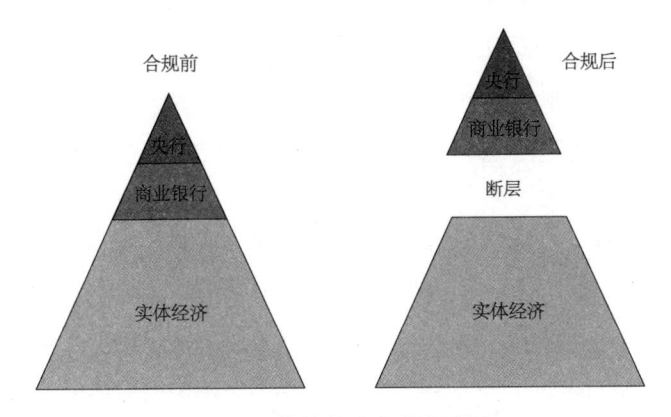

图1-1 传统的商业银行原理

央行处于最顶端，买卖国债利率，货币乘数M1；
商业银行位于第二层，国债+信贷溢价，货币乘数M2；
实体经济处于最底层，社会回报利率，货币乘数M3。
在传统商业模型中，央行—商业银行—实体经济，这三层是连通的。央行有任何利率改变，首先会影响银行间拆息，利息升高，再通过商业银行影响到实体经济。

但是，在现实合规模型下，这三层是断裂的。具体的表现是只有央行和持牌商业银行被认为是自己人，它们可以在一个小圈子里以非常低的利率互相拆借。而整个实体经济和金融却是脱节的，即从银行间拆息到实体贷款发放是脱节的，二者之间的距离无穷远。实体经济嗷嗷待哺，哪怕10%的利率都算是低息，但现在的实际情况是能借到就不错了，还敢管利息多少？这种情况下，讨论利率由2.75%涨到3%有什么用？

学院派和实战派

迄今为止，有无数著作研究金融原理和财经周期，却没有一门学科研究合规对经济的影响。学院派根本不解民间疾苦，不懂对市场的不合理干涉远比货币利率影响更大。他们也不知道，冠冕堂皇的几个字，一份看似很有正义感、很合理的要求，落实到具体执行层面会给民生增加多少麻烦。

做互联网的人都知道，只要多一道手续，转化率就会跌至少50%，多几道文件手续，整个申请就没法做了。具体到房地产市场，对市场影响最大的是什么？是限购、限贷、认房又认贷。整个房地产市场并不缺买家，而且他们的购买力大多凶猛，但是两个合法的公民，一个愿买一个愿卖，却不能达成交易，因为有政策法规的限制。只有不到十分之一的特权群体才拥有最惠的资格。

美国政府也希望百业兴旺，日进斗金，但他们发现，无论怎样调整货币政策，最多也只能影响金融市场的价格波动，工商业实体依然无可遏止地流出美国，美国不可避免地走向空心化。

这种无力回天的架势，不是靠金融部门，也不是靠吹嘘格林斯潘就可以回天的。你应该去问一问，美国的"白左"、圣母们为什么搞出那么多环保和劳动法令？在他们的要求下，只有完全符合美国环保和劳工福利的项目才能上马，最终导致金融和实体完全断层，无论你加息降息，企业家都知道，根本贷不了款，还不如关门大吉。

全世界任何地方都是一样的。别人问我是周金波"周期大王"，还是炒得火热的"泽平周期"。我只问你一句话：你的分析中，有没有包括合规，有没有2700页的"限限限限……"

如果你从来没有提到过合规，那就是象牙塔不见人间魑魅。只能送你一句呵呵。

经济学中的"搭便车"现象

// "公共产品"这个补丁,并不需要 //

💰 灯塔

知名经济学家罗纳德·科斯有一本论文集,中文译名叫《经济学的著名寓言:市场失灵的神话》。这是一本奥派书籍,书很厚且枯燥,看得我哈欠连天。我运气不好,从中间开始翻的,一开始看的是通用和费雪的收购案、洛克菲勒敲诈案,这些内容虽然很精彩,但不足以写篇文章来讲道理。当我翻到第一章"经济学中的灯塔"和第二章"公共产品的自愿供给?——美国早期的收费公路公司"时,看得我忍不住拍手击掌,哈哈大笑。

为什么我觉得这两篇内容有意思?因为这两篇讲了一个经济学现象——"搭便车"。在古典经济学中,有一个非常重要的概念叫"公共产品",指的是某件东西由于具有太大的外部性效应,收费又太难,因此不可能由私人来提供。每个人都可以"搭便车"的话,就收不到钱,这时候政府就不可或缺了。没有政府,就没有人治理黄河、修建水坝、研究水稻良种等,生产力的进步速度就会大大下降。

英国经济学家为了说明"公共产品"这一概念,举了灯塔的例子。18世纪的英国,非常依赖海洋贸易,船运业几乎是整个英国的经济命脉。但那个时候，水文条件和航海技术都非常差，水中礁石密布，如果没有精确的航海图，船只很容易触礁，船货两失，因此，英国的海运非常依赖灯塔。在茫茫大海中，灯塔在提供坐标、纠正航线的同时，也减少了海盗袭扰的可能性。可是，问题在于，灯塔是一件非常典型的"公共产品"，你没办法对来往过路的所有船只收费，也不知道有多少艘船享受了灯塔提供的服务，更无法定向屏蔽某一艘船，不为它服务。于是，有人就顺理成章地认为，灯塔这样的"公共产品"只能由政府提供。

当然了，写到这里，读者朋友们知道我想说什么——以上全错！

其实，仔细读读历史书就会发现，在18世纪的时候，只有不到三分之一的灯塔是由国营的领港公会运营的，而至少三分之二的灯塔是由私人企业运营的。这又是怎么一回事呢？

收费制度

灯塔是私营的，如果存在"搭便车"现象，又该怎么收费呢？答案是收进港税，每艘船收几个便士。因为大海其实吃水很深的，真正有礁石的海域，往往已经是浅海，灯塔到港口的距离，说近不近，说远不远，一般就在10、20、40英里①数量级。既然你已经开到如此靠近港口的地方，那我收你几便士的进港税，也是合理的。

这时你可能会有疑问——那要是过路的船只呢？海盗和渔民的船只呢？去下一个港口或者去外国的船只呢？很多西方左派经济学家想了许久，脑袋都想破了几个，也没有找到答案，所以得出结论——私营企业提供不了公共品！

这本书的作者给了一个很简单的答案，这个答案笑得我把书扔了出

---

① 英里：英制长度单位，1英里≈1.61千米。——编者注

去——既然收不了，那就不收了。

经济学的千古之谜，又解决了一个。

💰 完美

为什么答案可以是"不收了"？

凡是讨论"公共产品"的人都往往会犯一个错误，一个无可救药的错误——完美主义。追求完美，是人一生不幸的根源。

在古典经济学中，讨论"搭便车"现象主要集中在"无法穷举收费"，总有人逃票，总有人漏网。但这是不对的，在逻辑上有缺陷——为什么要对100%的人收费？事实上，你并不需要对100%的受益人收费，只要收85%就够了，某些情况下，50%也可以接受。拿英国灯塔这个例子来说，每艘船收几便士的费用，任何人都可以承受，收费率也不高，估计最多收50%，这些收入就已经足以建设公海灯塔了。

在现实世界中，这种不完美的情况比比皆是。Windows永远收不到每一个盗版的费用，许多人电脑里用的都是未激活版本。"拜拜甜甜圈，珍珠奶茶方便面"，满世界都在传唱，而火箭少女永远也收不齐版权费。

所以？世界停止前进了吗？并没有，灯塔建起来了，Windows开发出来了，娱乐圈依旧繁荣。爆款电影《我不是药神》也对此做出了完美解答，根本不需要100%收费。追求完美，是你一生不幸的根源。

💰 不完美的世界

接下来的这部分，不是上述书里的内容，是我的原创。

或许有人会问，为什么就不能杜绝"搭便车"现象呢？"搭便车"

长期发展下去，是否会严重损害我们的生产力？譬如说，英国灯塔的收费率为什么不能是100%？如果是100%，那就可以造更多的灯塔了。如果Windows收齐每一份盗版的费用，岂不是可以开发出更好的软件？如果知识产权得到完美的保护，那么我们的生产力一定可以大大地再向前一步。

"田园教派"总是希望世界是透明的，所有商家和消费者可以拥有同等数量、同等质量、无死角、无隐藏的信息。如果可以实现信息全透明，我们的生产力一定可以大大提高。但这种观点是不对的，如同你打游戏，地图不是公开的，开地图是要钱的，信息本身就是一种付费的商品。

如果上边这句话很难理解，我们举个例子来说明。一家日化企业的品牌经理要推出一款新牙膏，他面临两种选择，一种是花40万元做一场严谨的市场调研，另一种是一分钱不花，闭着眼睛把产品推向市场。如果选择市场调研，你就会亏损40万元，而闭着眼睛往前冲，有可能反而赚得更多。对企业老总来说，如果只有一笔经费，是用来改善品质，还是做市场调研，或者是降低价格，这三件事是完全等价的。企业的竞争，是各个维度上的竞争。

同样的道理，收费科技也不是与生俱来的，就如同玩游戏升级一样，你不可能把技能一下刷到100%，一出场，你的技能是0，然后你要不断升级，逐渐提高自己的技能。在《经济学的著名寓言：市场失灵的神话》这本书中，还讲到了高速公路收费的问题。其实这一政策不是中国人想出来的，早在1820年，美国98%的公路都是收费的，只不过当年路上跑的是马车。和今天的财源滚滚不同，当时都是泥路，马车很容易跳下泥路，跳到玉米田里逃之夭夭。1820年的美国收费公路业巨额亏损，最后不得不全面取消了。

如今的高速公路属于全封闭道路，还有24小时不间断拍摄的摄像头，车牌、车主能瞬间识别，因此收费率几乎是100%，没有逃费的可能性。有人会问，两侧的护栏能不能省下来？摄像头能不能省下来？如果只造一条公路，岂不是成本会低很多？答案是不能，因为安保设施也是产品的一部分，企业建造的并不是这条公路，而是一个一体化产品。

💰 搭便车

人类的收费科技一直在进步，在改善产品的同时，人类也在绞尽脑汁想着如何才能抓住逃避收费的。前面讲的英国灯塔的例子，如果放在今天，完全可以通过无人机巡逻来监督过往船只，更先进一点的还可以用卫星导航。一些传统意义上被认为是"搭便车"无法处理的问题，其实都是可以计算的。比如大气污染，在一个污染地块周围，完全可以竖一圈脉冲激光阵列，从该地块散发的二氧化碳，每一个摩尔都可以统计到。

"搭便车"行为之所以没人去管，不是因为做不到，而是因为不划算。18世纪的英国，你让它研发一款无人机去监督过往船只，成本将会是天文数字，与其这样，不如马马虎虎收50%就可以了。

某些人渴望收费率达到100%，完全杜绝"搭便车"现象。他们认为，如果没有搭便车，世界会变得更美好。他们不知道的是，企业要想点亮"收费科技树"，一样需要研发，一样需要更多的经费，所以企业主一样在衡量，是继续提高品质，降低价格，还是多雇几个人抓逃票？我们的世界天生就是残缺的、不完美的，所以经济学从来不追求完美。某些产品因为收费模式研发不成功，那它就不应该被发明出来，如果市场真的需要这种产品，企业家一定会绞尽脑汁发明收费模式的。

公共产品是伪科学，"搭便车"也是伪科学，经济领域的干预并不是必需的。"公共产品"这个补丁，在经济学中根本就没必要存在。这篇文章的结语十分简单，只有一句话——市场创造一切。

公路的彻底收费化

// 不仅高速公路应该收费，所有的普通公路，都应该收费 //

💰 高速公路收费

关于高速公路收费这一问题，一直存在着很多争议。有一部分人始终在呼吁高速公路免费，他们振振有词地宣称：从广州发一车货到北京，光高速公路费就要1万多元，物流成本太过高昂；高速公路免费还能降低自驾游出行的负担，是利国利民的好事。

奥派经济学家看着这帮人的叫喊，不禁投去一个鄙视的眼神。经济学的一条铁律，也是很基本的定律：世上没有白吃的午餐。无论高速公路收不收费，它的成本永远是存在的。

一条高速公路，从它最初的拆迁、土地平整、路基、硬化、桥隧、防护栏、绿化，再到后期的保养、维护、清扫和事故急救，这些都是有费用的。在德国、瑞士等西方国家，高速公路几乎不要钱。其实这笔费用并没有消失，绝大多数是财政兜底，数万亿元公路建设费由政府出钱，纳税人买单。

所以，一些西方国家的模式是"政府兜底，公路免费"，中国模式则是"商家修路，收费还债"。这两种模式谁更先进，谁更高明？我认为中国模式是最合理的，因为它符合经济学的两个逻辑：用者付费和产权人收费。

💰 用者付费

用者付费其实就是"大锅饭"的反义词。以德国为例，德国的高速公路是用政府基金建设的，耗费的是纳税人的钱，平摊到每个人头上，人人都得出钱出力。但是高速公路的收益人是绝对不对等的，因为每个人的公路里程有很大的差别。有的人喜欢旅游，整天开着车到处游玩，一年行程10万千米；有的人喜欢宅在家里，甚至一周都不出门，一年难得上一次高速公路。你让这两种人平摊高速公路费用，这合理吗？

另外，只要高速公路免费，就一定会出现浪费。瑞士允诺本国居民，无论你住得多远，只要盖了房子，政府就造一条公路连到你的住所。这导致无数居民滥用资源，比如在悬崖峭壁处盖房子，往往几十千米的公路为他一家独有。浪费纳税人的钱，这公平吗？

在经济学中，真正的正义从来都是"谁使用，谁付费"。一个真正有经济学素养的人，从来不会指望"免费/降价"，而只会呼吁"谁使用，谁付费"，这样才能保证账单清晰。所以，中国的高速公路收费模式才是全世界最先进的模式。

💰 ETC

既然高速公路收费是先进的模式，那进一步延伸，普通公路可不可以收费，从而使得整个社会更公平、更平等呢？我一度以为这件事是不可行的，因为普通公路不具备高速公路"两端计费，中间封闭"的特征，而且普通公路上的每个红绿灯都很短，最长不过三五百米，如果要计费的话，就是几分钱。直到我在北京的PE/VC（私募股权投资/风险投资）圈遇到一个人，他正准备投身于创业狂潮，创业方向是ETC。他当时的设想是他卖的ETC设备像一个拱门一样，每个收费1万多元。听了他的想法，我直接劝他放弃这个项目。

手机正在废掉我们一项又一项的传统功能。比如以前我要去万达广场吃个饭，顺便看场电影，就需要随身携带停车卡和万达影城会员卡，现在有了微信、支付宝，你直接扫码支付，输入车牌号扣停车费，开出去即可，至于储值卡，早已经落满了灰尘。

ETC这么重的资产，客户端和服务端都需要专用硬件，我是不看好的。2018年不就搞出了一个什么"车牌付"吗？具体的做法就是先在支付宝或微信里绑定你的车牌号码，然后你进高速前，用现在早已烂大街、完全不值钱的电子枪"扫一扫"车牌，等到出口处再"扫一扫"，系统就会直接连接到你的支付宝或微信账户，自动扣款，根本不需要减速、停车。至于ETC这种大型又昂贵的设备，在将来必然会遭到淘汰。

普通公路收费

顺着上面这个思路，我们再仔细想一想，其实在技术上，我们已经具备了普通公路收费的方法。比如在上海的南京路、淮海路，每个红绿灯的入口装几个连着大数据入口的电子枪，车辆进入，开始计费，一拥堵就1.3倍，上下班高峰期3倍，五一假期、国庆假期5倍，周杰伦演唱会时10倍，上海居民9折，买月票套餐每人每月前50元不收费。

你在路上开车，每一米、每一秒拥堵，都在计费，虽然每段费用都很便宜，也许只有几分几厘，但是从徐家汇开到陆家嘴，零零碎碎的费用加起来也可以收你六七元。不久的将来，作为一个已经出现200多年的词，"公路"的"公"字将彻底退出历史舞台。

💰 公路收费的意义

城市本身就是一个成本中心，作为一个有几十万、数百万人口的大城市，公路、路灯、警察、消防，这些都属于政府提供给民众的免费福利，哪怕你这辈子一分钱税都不交，你依然享受着城市的基本福利。

因为城市本身是不收费的，市政养护的成本却以每年20%的速度在递增。而路网成本又是城市维护的大头，路网建设得越好，地方财政的负担就越重。一个最理想的办法就是改免费"公"路为收费"私"路。以后每个人开车在马路上，随时根据你的手机定位，从你的微信账户里扣费，从此城市从成本中心变为利润中心。

有的人看到这里可能已经气疯了，因为公路怎么可以收费？！这时我要反问你了："为什么营改增之后，那么多专家念念不忘房地产税？"

第二章

房价未来怎么走

世上再无商品房

// 如果天底下真有不干活馅饼掉嘴里的制度,那我一定拥护这个制度 //

💰 可售公房

多年以后我们回头看,才发现商品房真的是一件了不起的"发明"。为什么这么说呢?众所周知,1995年左右,中国经历了一次重要的改革——"房改"——将大量住房商品化。

1995年之前,中国大地上也是有几亿套房子的,只不过这些房子很"怪"。中国宪法规定:土地分为国有土地和农村集体土地,国有土地是不可以买卖的,只能够批租,这就是70年租赁权的来由;农村集体土地只能在本村之间买卖,如果你脱离了农村户口,那你也不能买了,这就是"小产权"的由来。

在国有土地的范畴下,1995年的房地产市场是支离破碎的。譬如说,绝大多数的房产是属于单位的,而不是属于个人。比如北方一座因煤炭崛起的资源型城市,可能城市的三分之一都属于煤炭集团公司,几十万职工形成一个小社会,住在工厂大院里的职工宿舍。这种宿舍可不能叫"成套住宅",因为它是由企业分配给职工居住的。你在企业上班,可以免费居住,但哪天你离开了企业,这套房子是要上交的;如果你不幸去世了，家属想要继续住，也要看组织安排，配偶是可以继续住的，但传给子孙、侄子就很困难。

同样的道理，1995年之前的上海也完全没有将房地产市场化。在企业工作的人住的也是职工宿舍，而市区街道里的人，他们的房子叫"白卡"，也叫"使用权房"。这种房子的性质很奇怪，名义上你是租户，可以使用，但实际上，你可以将房子当作遗产让亲人继承，也可以转租出去，还可以买卖。

"可售公房不可售，不可售公房可售。"这句话的意思现在能看懂的人越来越少。这就是指政府在1995年之前搞了一批"可售公房"，想实现房子的商品化买卖，可惜由于种种原因没有实现，而市场上另一批"不可售公房"却已经暗箱交易了几千、几万套。

大潮不可阻挡，春雨欲来，黎明已在眼前。

房改

1995年开天辟地的"房改"政策就在这样的局面下颁布了。房改的总思路是，不管你之前的房屋性质如何，补一点钱，就能让你拥有100%的产权，这种行为在经济学上叫作"确权化"。在房改之前，市场上有廉租房、保障房、政策性住房、共有产权房、限价房、可售公房、使用权房……房改之后，市场上只剩下一种房产——商品房。住房成为商品后，唯一衡量尺度就是货币。

$dT>0$，交易产生财富。

很多80后或许还有这样的印象，1995年的某一天，父母回家以后脸色凝重，商量着是否凑出1万多元，把"产权"给确定了。虽然以前住职工宿舍，心照不宣，一辈子给你住。房产证这玩意儿，也不知道办了有什么用。犹豫纠结再三，最后还是花了1万多元，办了这个"没什么用"的房产证。

亲，有了房产证，才能买卖。合法买卖，才能贷款。

一般认为，在1995年，一套老公房价值在8万~9万元之间，这个价格是由1997年二手房价倒推而来。政府卖给市民每套只收了1.5万~2万元，是亏钱的。这当然是一种福利，其背后是你父母的30年工龄，算是国家一次性送钱给你。房改之后的事，1995—2018年房地产市场的变化，在这里也就不过多赘述了。

计划经济

历史总是在一次又一次地循环，房改之后20年，我们发现，当年取消的各种产权的房屋又逐渐出现了。曾几何时，我们的房地产市场只供应非常纯净的商品房，房子像彩电一样敞开供应，只要有钱就可以买到。而现在呢，以北京为例，我们看到有以下几种房产（如表2-1）：

表2-1　北京户产种类

廉租房	共有产权房	商品房（普通／非普）
公租房	限价房	小产权房
经济适用房	限房价限地价房	只租不售房
人才住房		

房子的种类名目繁多，不胜枚举，有了限购、限贷、限价、限售等政策，房产不再是一件商品，房改政策实施多年，似乎又回到了房改之前。

思潮

社会上存在着一些人，他们认为，凡是老的、旧的，都是好的，凡是改革的、新的，都是不好的。他们对人民群众的幸福生活不管不顾，对生产力的百倍提高、对中国跻身世界大国之列的成就毫不在意，只因为自己的懒惰和愚蠢，就只顾自己的小九九，拼命鼓吹大锅饭。

在这群妄图吃福利分子的眼里，20世纪80年代的社会简直就是天堂：

房子是免费的，你不用自己花钱买房子；

教育是免费的，只要考上清华，就免学费；

医疗是免费的，人参、哌替啶（杜冷丁）不要钱；

工作是包分配的，绝不会有失业烦恼；

物价是受监控的，绝不会有生存压力；

⋯⋯⋯⋯⋯⋯

在他们幻想出来的这个世界里，一切都不要钱。其实呢，他们从未在20世纪80年代生活过，根本不清楚当时的生活水准是怎样的。

具体到房地产市场，在这些人的思维里，房改是必须要废除的，因为住房绝对不能商品化，否则北京的房子就要1000万元一套了，自己辛苦几辈子也买不起，那还怎么得了。因为自己买不起房，所以住房就要去商品化，他们看不到那90%的城市有产阶级，好像地球必须绕着他们这群10%买不起房的人转才行。

政策也被这些人带偏了，一开始是"经济适用房"，试图通过降低质量来降低价格；然后是"共有产权房"，试图通过降低份额来降低价格；接下来是"限价房"，试图让开发商企业出血来补贴购房者；再然后是"租售并举"；最后是兜底的"廉租房"。总的思路就是去商品化，通过各种杂七杂八的政策，剥离掉房地产中的商品因素，以补贴买不起房的人。

政策的出发点肯定是好的，维持社会稳定嘛，缩小贫富差距嘛。但要注意的是，任何手段都不能违背经济规律，通过改革开放40年的努力，我们的经济总量到了世界第二，成了世界上少有的经济强国，正是因为我们顺应了经济规律和市场经济的发展方向。

为什么要房改

如果天底下真有不干活馅饼掉嘴里的制度，那我一定拥护这个制度。

成年人和巨婴最大的区别就是，成年人需要为国与家负责。这个世界上真正的勇气，是看清了世界的真相，依然热爱生活。如果真的能实现住房、教育、医疗全都不要钱，我肯定第一个拥护，这绝对是利国利民的大好事。但很明显，这一套是不可行的，不生产，哪儿来的钱？但巨婴们却天真地认为，天上真的会掉馅饼，只是自己时运不济没接到。

为什么要在1995年进行房改，1997年开始大学收费？答案很简单：不改革就真的发展不下去了。1949—1979年搞了30年的计划经济，政府包办所有人的生老病死，最后做到丰衣足食了吗？不少人为工厂工作40年，苦苦等待"经济适用房""摇号选房"，最后占到了多少便宜？还不是三代同堂、四代同堂、五代同堂？在工厂里，小组长让你干什么，你就得干什么，甚至让你去扫厕所，你都不敢有任何意见，就这样委曲求全一辈子。

从财政学角度讲，如果政府完全不干预任何价格，仅仅靠收税，政府每年都会有一大笔收入。理论上，政府可以将任何一项民生价格压低到零，但这会消耗"行动点数"。举个例子，苏联时期，为了讨好人民，政府拼命压低粮食零售价格，导致粮食在当时非常便宜，甚至有农民用面包喂牛，因为比直接购买小麦喂牛更便宜。苏联政府也因此承受巨大的财政压力，20世纪70年代，苏联财政收入的三分之一都被用于粮食补贴。这部分支出，不仅超过了苏联政府自身的开支，甚至超过了苏联的全部军费——超过了所有航母、潜艇、战略轰炸机和数百万苏联红军的花销。

同样的道理，1949—1995年，对政府来说，百姓住房也是一个巨大的财政包袱，百姓从来不为住房掏钱，或者仅掏一点点钱，等于政府白送。这样的高额财政压力，谁能承受得起呢？政府请每个人每天多吃一顿肯德基，就足以吃光财政。

1995年的房改，一共有两个核心思想：

第一，取消补贴。想住房子，您掏钱吧。

第二，市场化。dT>0，交易产生财富。

房改之后，房地产市场由"无底深坑"一跃成为"现金红牛"，迄今仍是地方政府最主要的财政收入来源之一，拍卖土地的收入占到总收入的50%以上。如果我们取消房改，退回到1980年之前的状态，百姓不掏钱，或者掏几百元就能得到一套房，这意味着数万亿元的财政收入化为乌有，房地产将重新成为无底黑洞，在资源配置方面也会造成巨大浪费。

设想一下，一块价值300亿元的土地，拍卖商品房可以获得300亿元，拍卖经济适用房可以获得150亿元，拍卖"只租不售房"则一分钱都得不到。市场逐渐萎缩，你能看到有些人在欢呼，在狂欢，他们脑容量比较低，只想要改变、要"掀桌子"，反正已经是弱势群体，所以对任何天下大乱都欢迎。而地方政府的心里却在滴血，一笔订单就足足少了300亿元收入，国家政务还怎么推行？这个财政缺口谁来补？房地产行业的民粹逆行，全国减收数万亿元，大部分人都亏不起。而目前想"回到过去"的那群人呢？崽卖爷田，混吃等死。我们的财政支柱正一条条被敲断。犯一个错误不要紧，犯两个错误也不要紧，犯N个错误的时候，就要紧了。

励精图治，克勤克俭，本来是我们中国人的优势。为什么要在百米赛道上把自己的腿打折呢？

人生的三次蜕变

// 财富真正可以给予你的，其实是一种安全感 //

💰 第一套

从买房的角度出发，人的一生会经过三次蜕变，分别是买第一套、第六套、第十六套房子时。

如果你认识几个24岁左右、刚刚进入社会两三年的大学生，他们一定经常向你哭诉"玻璃天花板"的存在。211、985大学的天之骄子们，一进入社会却只能拿3000元的月工资，而且升职也十分缓慢，每熬几年才能升一级，工资涨得也不多。

如果想创业，也会发现，这个社会的方方面面都已经被人堵住了，所有能赚钱的领域，所有你能想到的阵地，都已经密密麻麻地站满了人。人家不仅占据了最有利的位置，而且还挖了壕沟。年轻人虽然不甘心于这血淋淋的现实，却毫无还手之力，只能打打嘴炮，发两句牢骚。

还有一部分年轻人，选择了遁入二次元世界。在目前的年轻人群体里，存在着一批躲避世界的人，他们渴望永远不要长大，不愿意直面这艰难困苦的现实世界，更愿意躲进一个自欺欺人的虚拟世界。这就是我们常说的"反社会性格"。

如何治疗此类病症呢？答案很简单，买一套房子。

买一套房子，"废青"从此跨入有产阶级。有恒产者，有恒心。作为有产阶级，看待世界的眼光就不会再那么愤世嫉俗，而是更加理性、更加愿意融入现实世界，遵循现实世界的游戏法则，遵循层层既得利益集团制定的升阶规则。第一套房子，是成年人的"成人礼"，是少年告别青涩、告别幻想，使心境平静下来的冰激凌。

第六套

当拥有第六套房子时，意味着实现了财务自由。在京沪深这样的一线城市，财务自由的标准大概是5000万元人民币。可实现财务自由的那一瞬间，你感觉到的绝不是意气风发的畅快，而是非常严重的"反噬"。如果没有亲身经历过，绝对写不出这样的转折。

2006年，市场上出现了很多房产投资者，到2008—2009年时，国家执行了"4万亿"计划，房产市场迎来了剧烈的大行情，很多人都赚到了第一个5000万元，这时的房产投资者开始分化。楼市这一行，始于1000万元，熟于1亿元，终于10亿元。赚到人生中的第一个1000万元很容易，从0到1000万元这段过程是速度最快的，但是到了后期就慢了，很难把速度提上去。因为你的各项资源都用完了，限购、限贷、收入证明、信贷额度……而且资产结构也已高度"角质化"。

所以赚到第一个5000万元后，很多人都会面临一个局面：再往前走，难度和阻力可能是之前的三倍，而且赚钱也不多；停下不动呢，这辈子钱也够花了。这时候，很多人会困惑："钱已经一辈子花不完了，为什么还要继续赚钱？"

财务自由这个关口被称为"天诛"，每个人的选择不同。有的人就真的停下来了，他们第一桶金赚得很快，但此后停滞不前，不算特别富裕。

💰 第十六套

在5000万元的关口，有些人选择停下来，有些人却觉得还不够，要继续努力奋斗。等他到达5亿元的级别时，所得到的回报将是5000万元级别的20倍甚至30倍。当然，当一个人拥有十六套住房时，又会遇到一个新的瓶颈：资源枯竭。这时候，所有的资源都已经全部耗尽，想继续扩张，就需要新的心法、新的玩法。

知乎上有一个问题："家里在一二线城市有很多套房是怎样的一种体验？"我觉得最大的体验是"空"。赚了很多很多钱，并不意味着花天酒地，毕竟，想纸醉金迷、声色犬马的话，在5000万元的阶段就可以做此选择了。选择走下去的人，都是因为其他信念。富贵已久，我见的事太多了。当你刚到5000万元的级别时，对某些奢侈消费可能还会动心，但若你10年前就已经是5000万元级别，你会发现自己的物质欲望，现在真的是非常非常少的。

拥有了2亿元以上的财富，并不意味着更多的消费，而是意味着雨夜枯坐，你就坐在书房里，静静地看着外面的暴风雨，什么事情都不做，你不需要消费，当然更不需要点外卖。你心里非常清楚，虽然你此刻不消费，但只要你愿意，随时可以买上1000碗海鲜粥，吃1碗，扔999碗；你随时可以跑到最高档的4S店，玛莎拉蒂、路虎、卡宴，想买哪辆买哪辆，每种颜色都买一款。财富真正可以给予你的，其实是一种安全感。

虽然你对世界索取的很少，但只要你愿意，随时可以刷卡买下一切，这个级别的感受是一种安全在握、生杀予夺的快乐。这时你再看看芸芸众生，再看看那些在职场中拼搏、时刻为孩子及老人忧虑的中年父母，会有一种站在岸上看水中众生的感觉。

有了安全感以后，你的眉目开始舒展，神情开始坦然，整个人会有一种稳如泰山的宁静。富裕，会从每一个毛孔散发出来。

买房子是消费降级吗

// 玩不过商家 //

💰 消费降级

这两年流行一个新词——"消费降级"。据说现在中国白领的生活几乎是惨不忍睹了,衣服只能买优衣库,聚餐只能吃呷哺呷哺,3亿人民都在拼多多……老百姓都已经勒紧裤腰带啦!

我一边看一边冷笑,这类新闻看多了,心痒难熬,实在忍不住说出其中的奥秘来——这些操作手法,正是市场营销的常规操作。正品不买,全国人民一起拼多多,真的是消费降级吗?

先说结论:媒体所谈论的"消费降级",其实是消费升级。

用一个例子来解释。保时捷曾推出一款乞丐版车型Macan,最便宜的低配提车价还不到60万元,这无疑让很多躺在车盖上抱怨冷气的女孩子感到了一定的失望。请问,从Porsche到Macan,是消费降级了吗?肯定不是。事实上,100%的商家都在削尖了脑袋搞"粉丝升级",他怎么会舍得让你少掏钱?大众集团肯定是经过了周密的市场调研,在Macan的购买群体中,原Porsche车主一定少之又少。如果替代率超过了25%,那意味着整个项目是失败的。这部分Macan的目标客户是原先的BBA(奔驰、宝马、奥迪)车主。在中国,BBA主流车型的价格在40万元左右，只要再加20万元，宝马就能变保时捷（虽然是乞丐版），请问您心动吗？请问您眼晕吗？这些被抢走的BBA客户，是消费升级了还是降级了呢？

💰 看一件商品，不能只看它的价格，还要看它的销售数量，销量更重要

在日本，优衣库一年可以卖出10亿件，许多人哀叹，1亿人民10亿优衣库，简直成了国民服装。日本人狂买优衣库，是泯灭了个性吗？不见得啊。日本依然是LVMH（酩悦·轩尼诗-路易·威登集团）最大的奢侈品市场，日本女孩子买起包包来，眼睛都不眨。你要去问日本的年轻人："优衣库是你最好的一件衣服，还是最差的一件衣服？"如果回答是"最好的衣服"，则说明他们以前是农民，是山中小村出来的。

所以，表面上的人群和产品劣质化，并不代表着消费降级，相反有可能是泥腿子上岸，以前在山里混得更惨。以3亿用户的拼多多为例，难道这些用户，以前是国贸、陆家嘴的精英人群吗？不，拼多多的绝大多数用户集中在四五线城市。拼多多出现之前，他们甚至从未接触过这么洋气小资的产品呢。

💰 消费平级

我们认为的消费升级其实是消费平级，上边讲的汽车和优衣库的话题其实是老生常谈了，真正的骗术是套中带套、坑外带坑的，往更深一层思考才是市场营销的玩法。

有位作者，曾在一篇文章中举了个奶茶的例子，大概说的是：从最早的街边3元奶茶，到8元的快乐柠檬，再到15元的CoCo，再到30元的

喜茶、贡茶，白领、小资女性持之以恒地提升着她们的生活品质，模仿上流社会的消费习惯，努力让自己看起来过着更优质的生活。请问，从CoCo到四云奶盖贡茶，再到Lady M，你的消费升级了吗？

答案是：没有。

我曾写过一篇名为《无中生有的高阶》的文章，在文章中画了下面这张表。假设我手里有10种商品，分别标为A、B、C、D、E、F、G、H、I和J。每年除夕，所有商品都会降价1元，当价格低于6元的时候，这件商品就会自动出局，停止销售，这时就会再引入一个定价为10元的新商品（如表2-2）。

表2-2 商品价格模拟变动表

（元）	A	B	C	D	E	F	G	H	I	J
2000年	10	9	8	7	6					
2001年	9	8	7	6						10
2002年	8	7	6						10	9
2003年	7	6						10	9	8
2004年	6						10	9	8	7
2005年						10	9	8	7	6
2006年					10	9	8	7	6	
2007年				10	9	8	7	6		
2008年			10	9	8	7	6			
2009年		10	9	8	7	6				
2010年	10	9	8	7	6					

我们来看表2-2，第一年（2000年）市场上在售的是A、B、C、D、E5种商品，标价分别是10元，9元，8元，7元，6元。第二年（2001年）所有的商品都降价1元，消费者觉得占了大便宜，在市场上掀起了抢购狂潮。相关部门也很满意，因为无论从哪个指标来看，CPI（居民消

费价格指数）都是下降的，切实符合降低民众负担的精神。2001年在售A、B、C、D4种商品，售价分别是9元，8元，7元，6元，E因为价格低于6元退出销售，然后再引进一件定价为10元的新商品J，至于J销量小没有关系，先当标杆放着。第三年（2002年）ABCD+J这5件商品再同时降价1元，D退出销售，引入定价10元的新商品I。

现在你看懂这个"循环滚轴"的奥秘了吗？A=B=C=D=E=F=G=H=I=J，这10个品牌其实是完全相同的商品，没有任何差异，看上去永远都在降价，实际情况却是一直在螺旋涨价。品牌商就是这样把消费者玩弄于股掌之间，消费者以为商品每年都降价10%，觉得自己每次都占了便宜，可是兜兜转转十几年，还是在原地打转，在市场营销高手看来，消费者只不过是笼中的小白鼠。

精明的营销行为就是早早树立起一个标杆，一个价格非常贵的品牌，店铺并不多，也不在乎亏损，只向你传递一个消息——我这个品牌就是贵，比如Cova、Godiva。"这个品牌，就是一粒巧克力卖50元。"您买不起？买不起不要紧啊，您可以Windows Shopping，站在门口流着口水看看。然后等你收入一点点上来，等着你消费升级，等你不满足于只有E，等你想买D、想买C、想买B、想升级到A。升级这条路，类似于打网络游戏，是永远没有尽头的，哪怕你可以把Cova巧克力当饭吃了，品牌商还会迅速研究出更新的一款巧克力，定价2000元/粒。

还是那句话，您买不起不要紧，您可以先在橱窗外看着，我可以慢慢地等你收入上来。什么？您说品质和口感如何提升？你以为那些买喜茶、贡茶、Lady M的女士，她们真的吃得出口感？她们只是在负担得起的范围内，买最贵的一款茶点罢了。

目前媒体所谈论的"消费升级"，目前小资白领女性得意扬扬的"消费升级"，"姐姐每天都能变得更高贵一点"，其实是一场巨大的骗局。事情的真相是，白领到手的工资，扣除杂七杂八的房租、衣食住行、教育医疗，已经所剩无几了，她们根本没有能力进行大件商品的"消费升级"。她们为什么每月留出工资的2%作为奶茶的预算？因为这钱太少了，不足以撬动房子或其他大额资产，这2%干脆不用省了，全部扔到奶茶上。同时，为了显示小资的"细节高人一等"，就去买最贵、最高级品牌的奢侈品。其本质和前台女背一个LV没有什么不同——都是无法再升阶了。

这2%的预算注定是要被品牌营销剥削和没收掉的。品牌经理永远都会设计出一个正好达到你购买力上限的"轻奢"品牌。你以为自己光彩照人，其实不过是笼子里受人摆弄的小白鼠罢了。

真正的消费升级

那么，真正的消费升级是什么呢？应该包括如下三点：能够触摸到一个更高档次的大类，而不是在同类里打转；能获得切实的物质回报；自己能掌握喜好。举个例子说明一下：好比有甲乙两个人，甲每天都喝高档奶茶，从来不奢求能攒出京沪房子的首付；乙则喝比较低档的奶茶，但是计划攒出京沪房子的首付。很明显，乙的收入要远远高于甲，而且社会地位也远远高于甲，因为房产证的炫耀才是真炫耀。

真正的消费升级，一定要涉及一些硬指标的变化。例如人均卡路里摄入、人均钢消耗量、人均电消耗量等，你得进入一个全新的大类才算，以前喝奶茶的现在买摩托，以前玩摩托的现在买房子，以前有房子的现在买游艇，这才叫作真正的消费升级。当你从无房者变成有房者，即使把奶茶换成最便宜的牌子，也可以理直气壮地说："这是消费升级。"

被锁死的楼市科技树

// 研发无力 //

💰 新闻大V

2018年年底,我参加了新浪微博组织的"房产V影响力峰会"。我以为这种活动很难得,可以结识各大流派高手,所以是抱着"学习进步"的心态去的。谁知,直到活动结束,我都一无所获。原因在于,其实很多"房产大V"并不是真正意义上的房产大V,他们只是"新闻大V"。除了"水库①系"的V之外,90%的"房产大V"的主要工作就是解读新闻—传播新闻—复述新闻。对他们来说,与房产相关的政策是最最重要的事。朝鲜说要开放贸易,于是他们大炒丹东;搞个"租售并举"政策,他们就看好长租公寓;某个租房平台闹出甲醛事件,他们又全部看淡长租公寓……记得当时还有人问我,海南要成国际贸易岛了,怎么不去炒海南?把我气晕了。

这是不对的,房产研究和媒体研究是两回事。真正的楼市研究,应该是由内而外的,要从"看房200套"开始。事物的发展,90%是内因,

---

① 水库:即"水库论坛"。水库论坛是一个专业房产投资论坛,本书作者为这个论坛的灵魂人物。——编者注

只有不到10%才因为外界的调控。房价上涨的原因是房价长期被低估了。京沪深等城市的房价之所以能越涨越高，纯粹是内因——资本和人才的聚集效应。帝都（北京）和魔都（上海）人才济济，商机繁荣，外滩、新天地每天都弥漫着金钱的味道，所以才会有充沛的购买力。

你不能只去看外因，只看外因的话，年年都是利空：2003—2018年，整整15年，每一年的外因都是调控，每一年都是打压。如果你只靠研究外因来看房地产市场，早就被吓死了。现在的房地产大V做学问，不肯踏踏实实地下苦功夫，不肯从"看房200套"开始，不去切实地判断三居室的购买人群是哪些人，两居室的购买人群是哪些人，浦东和浦西的购买口味有何区别，贷款利率调整的策略和方向对购房有何定量影响……他们几乎所有的研究都流于表面，都喜欢解读最新政策消息。一个经济报告出来，相关的公众号可以写几十篇分析文章，前后持续半个月。我是真心懒得蹭这种热点，对房地产研究来说，这些内容毫无意义。

被锁死的科技树

吐槽完这些不靠谱的"新闻V""作家V""悲情V"，遇到了第二个问题。

会议结束后吃饭时，上海某房地产大V偷偷拉着我说："老大，最近有什么新的科技树？"

我大为诧异："此话怎讲？"

他尴尬地推了推眼镜说："你也知道，近两年，上海的经济和楼市行情都不是太好，按照原有的手法和技巧，大家都赚不到什么钱。前两天，上海大小的V和管家公司们闭门开了一个会，研究新的对策和生存之道。结果大家两壶茶喝下来，发现整个'楼市学'的核心体系还是您的那一套……"

说来说去，最后总结的手法，还是增加债务。

我听完一脸黑线，这么多做楼市研究的大V，你们都研究了些啥？市场不好做，生意难赚，就来问有没有新的、免费的"武林秘籍"，难道我不说，你们就不会自己研发吗？

唉，碍于面子，我给他举了两个例子来解答他的问题。

第一个例子发生于1945年之后的欧洲。众所周知，1945年二战结束，成为人类历史的一个重要分水岭。二战时期各项神奇的科技进展宛如神迹，奠定了之后几十年民用科技发展的方向，如V-2导弹、喷气式飞机、核能、电子计算机、广义相对论等。二战结束后的整个20世纪下半叶，人类文明乏善可陈，除了互联网，几乎没有真正意义上的突破性发明。假如一个1945年的人穿越到2018年，他最多只会觉得各项民用品是"型号更新"品，毕竟火车、铁路、无线电、飞机，这些在他生活的年代就已经全部被发明了。

你可以说这种现象是科技停滞，但是仔细想一想，难道1945年之后，人类的文明就真的没有革新发展吗？即使核心科技没有发展，难道边缘科技也没有发展吗？你身边那些漂亮的液晶显示屏哪儿来的，你手里那些轻薄的手机哪儿来的，还不都是近几年的科技产物？飞机、高铁廉价到人人都坐得起，这难道不是时代的进步？

推动人类文明进步的，有且仅有两股力量：第一股力量是科学技术，第二股力量则是科学技术的大规模应用。映射到楼市上也是同样的道理。京沪这类的一线城市，楼市接近饱和，而且在"限购、限贷、限价、限售"的大环境之下，操作空间被极大压缩，京沪的市民也有一点儿疲了，在京沪买房子，很多人都终身无望，于是开始绝望性消费，对买房子不再关心了。

但要注意的是，中国幅员辽阔，不只有一线城市，还有很多区域市场远没有饱和。当欧洲经济进入停滞的时候，"亚洲四小龙"崛起了，此后更是有中国、印度大市场的强势崛起。树挪死，人挪活，哪怕是同一套科技树，也可以应用在不同的市场，所以远未饱和。把现有的边缘市场全部吃干净，就已经够大家过很长的好日子了，动辄要求更新、更高的科技树，才是贪得无厌。

管家市场

第二个例子是有机农业。在一个类似纽约、伦敦、北京这样的大城市，有机农业或者非转基因农业市场的份额最终可以达到8%。类似的例子还有号称可以使你的牙齿更白的"美白牙膏"。消费者使用时间长了之后，渐渐发现"美白牙膏"并不能达到广告中宣称的使牙齿变得白净的效果，其作用是被夸大的。但由于依然有大量的消费者还在追求哪怕一丝一毫的美白效果，所以整个美白类牙膏的市场份额还是会先表现为急剧增长，增长到某一阶段后才进入瓶颈期，此后就会长期保持在这个位置，不增也不减。

这个份额是多少呢？8%。8%是一个很特殊的数字，它对应着细分特效市场急剧上升后最终稳定的那个位置。

下面我再来告诉你一个被忽视的数字，有家成立仅两年的公司，目前在上海市场的二手房交易份额已经占到了1%，它就是水库系的"淘屋"。在过去的两年时间里，上海雨后春笋般冒出来十几家管家公司。目前他们大多度过了创业最初的迷惘期，找到了自己的赚钱模式，站稳了脚跟。其中规模最大的淘屋，已经进入了正规的公司化运营，无论是在公司管理、管家流程，还是在客户服务、人员培训方面，都积累了大量经验。

淘屋目前有50多名员工，公司业务量占上海二手房市场的1%。如果他们再成长8倍，员工会超过400人，可以霸占写字楼的一两层，怎么看都是一个中型企业了。更何况，这还仅仅是上海这一个城市的8%。再设想一下，假如淘屋可以把业务拓展到全国排名前二十的城市，管家公司这盘生意又可以值多少钱呢？仅仅是几个年轻人的奋斗和创业，就不知不觉中让一个朝阳产业正在成型。可见，企业上市的科技树，或许比他们自己买房子赚得还多。

由于历史原因，我国商业的传统是重视"硬核"科技，轻视服务业。很多人看不到20世纪60年代的沃尔玛、80年代的电视机以及今天的微信是多么伟大的创新。经销与营销一样也是科技树，而且赚钱更迅猛，更暴利。

耐心

等我滔滔不绝讲完以后，那个上海房产大V严肃地对我说："老大你变了，你以前不是这么说话的，大家要的是立竿见影的做法，想知道的是在目前困难的时期怎样赚钱，没赚到钱的怎样更好地活下来，你说了这么多，看上去很有道理，却不能立刻变成钱。"

听了他的话，我也严肃起来，说："一个体系一旦建立起来，其框架是不会变的。水库论坛体系的核心就是叠债务，等待M2增长，其他诸如借钱、筹款、贷款等，无非都是细节和战术。你们连跨越一个牛熊周期的耐心都没有，就盲目追求高科技，这不是勤恳踏实的做法。"

那个房产大V默默地喝了一口酒，对我说："您一定还有办法，只不过你不说。"

什么样的人会去买丹东的房子

// 假人 //

💰 吉林

2018年4月的某一天，朝鲜传来要放弃核试验、集中力量发展经济的消息。这吸引了很多人到辽宁丹东炒房，没承想，不出一个月，就被套住了。

这件事真的让我很难理解。

从数据上看，整个朝鲜的人口只有2500万人，而在隔壁的吉林省人口将近2700万人，两者在人口数量上是基本相等的。2017年，吉林全省人均GDP是8500美元，而朝鲜的人均GDP只有1500美元左右。

吉林有着成套的、完整的工业体系，还有大量的资源和调配资源的铁路，在语言沟通上也没有任何障碍，大家都说中文嘛。你要去吉林投资，矿藏、农产品可以源源不断地运出来。反观朝鲜，什么都没有，有的地方甚至连电都没有。

此外，在吉林省内投资，属于内贸，不需要过海关，没有贸易壁垒、国际汇兑成本和烦琐的法律障碍。对普通百姓来说，有京东、滴滴和美团，生活便利，没现金也可以过得很舒适。朝鲜到现在却还执行着严格的黑市汇率，黑市汇率10 000朝鲜圆=1.3美元，官方汇率10 000

朝鲜圆=130美元，两者之间相差百倍。你赚到的所有外汇都必须按照100∶1的比率交给政府，这意味着这个国家的任何出口工业都不可能生存。

要说吉林唯一的缺点，可能是东三省的投资环境比较差，俗话说"投资不过山海关"，但当地政府正在努力改善这一点呀。和朝鲜政府相比，吉林的口碑那简直就如同圣人般高洁。投资不过山海关VS投资不过鸭绿江，显然，吉林完胜。在经济上，长春不如沈阳，丹东不如长春，全世界的边境城市，没一个长成重量级城市的。二连浩特、满洲里、喀什，都不行。所以我一点都不明白，挨着一个经济这么差的邻居，一个完全看不到经济增长点的城市，什么样的人会去抢着买那里8000元一平方米的房子？

丹东

仅仅是因为某个楼盘的某一次报价涨了，而且仅仅是一手售价（二手完全没谱），到了文科生小编手里，顿时就变成了"房价暴涨53%+"。紧接着，变成了"丹东全市所有的房子，一夜之间都涨了53%+"！再接着，朋友圈的祝福和嘲讽都来了，祝福的人会说："恭喜，东北的房子又涨了。"嘲讽的人会说："丹东的行情你怎么没抓住？"完全不懂市场的笨蛋会问："请教老师，沈阳、丹东、吉林该怎么排序，丹东会改变东三省经济重心的格局吗？"

一瞬间，所有人，确定、一定以及肯定，在这件事上是达成共识的——丹东涨了，一夜之间涨了53%+。又过了一天，"全国炒房团奔赴丹东"的新闻横空出世，天上飞的、地上爬的、水里游的数十万"炒房团"纷纷从古墓里爬出来，开着最先进的摩托艇，抽着雪茄烟，准备往丹东房地产市场先投10个亿。自媒体也纷纷摩拳擦掌，开始抨击国民的逐利劣根性了。

但这些文科生小编唯一没有提到的是——那几天飞丹东的机票涨了吗？酒店的住宿价格涨了吗？售楼处被挤爆了吗？

答案是：全部没有。我是看在眼里，凉在心里，不过你们肯定猜不准我在凉什么。

真相

一个名不见经传的小记者写了篇报道，那么多人就分分钟接受了完全罔顾事实的"丹东暴涨53%+"。做自媒体的都知道，要写一篇10万+有多难，要制造一起引发全社会注意力的"现象级"事件有多难。别说鸭绿江对岸若有若无的官宣了，就算真的大张旗鼓搞开发区，也不见得有人想去丹东投资啊。投资不过山海关嘛。

可是这事就是发生了。成千上万的网站发疯一样转载"丹东炒房团"。我看着这些报道，瑟瑟发抖。

大家都那么说的，未必就是真相。例如"东汉蔡伦造纸张"这个说法我就不信。千百年来，人们都说纸是蔡伦发明的。可蔡伦是一个权宦，位高权重，他一生热衷于权术。这样的人，你说他发明造纸术，我是不信的。到科技馆体验过压制纸浆水的人都知道，这是一个又脏又累的活，恐怕蔡伦根本就不会踏进这种脏乱的工场半步的。造纸用的原料如树皮、破麻布、旧渔网等，都是劳动人民随手可取之物，蔡伦富贵已久，就算要做什么"化学实验"，拿的恐怕更可能是珍珠、绸缎吧。所以，与其说"蔡伦发明了造纸术"，不如说是用他的名字冠名了这一重大发现，真正发明出造纸术的工匠，恐怕早就尸骨无存了。

或许，千年之后的后人翻阅我们今天的事情，会看到"戊戌年炒家云集丹东，房价一夜暴涨53%+"这样的大标题。善恶被颠倒，正义被误解。真正的苦主，尸骨无存。

剧本

我们社会的剧本其实都是被设计好的。房价暴涨，民怨沸腾，目前被甩锅的苦主是"炒房团"，一切坏事都是他们干的，所以人们认为，打击炒房，房价就会降下来。

可问题是，这个世界上根本没有"炒房团"。"温州炒房团"名声最臭的时候，全国31个省、市、自治区房价上涨，锅全都扣在温州人的头上。直到后来，天涯论坛举办了一次"回乡见闻"大奖赛。吃瓜群众纷纷反映，老家三四线城市根本没有温州人，房价照样猛涨。难道温州人还有兴趣去娄底、邵阳这种十三线小城？但是人们不管，这锅必须得你温州人背。

我们今天所有的政策都是立足于"打击炒房"的。因此一定得造几个"炒房团"的例子出来。动辄千客云集，万众驱车。前一阵子的上海自贸区算一场，之前的丹东算一场，海南马马虎虎算半场。我就纳闷了，为什么"炒房团"的故事都发生在那些鬼影都没几个的边陲小镇？

你以为，这些地方真有人会去吗？韩非子曾对齐王说过，画画这种事，画鬼魅妖怪最容易，画狗马最难。为什么？因为山精树魅谁都没见过，随便你怎么画都会有人相信，但是画狗马之类的家畜，因为你天天见得着，所以眉目有一丝不像，都可以看出端倪。这些年来，"炒房团"的故事多发生在丹东、上海郊区、漳州……这些地方，根本没人去，随便你怎么吹都行。

相反，南京河西"十盘齐开"，数万人连夜排队，身价千万的富人就裹着被子睡在马路上，却没见哪个小编胆敢写"炒房团杀入南京"。为什么？因为大家太熟悉南京了。

哪里有什么聊斋志异，还不都是朗朗乾坤。

边角料的损失,换来的是一棵大树

// 赚钱团结,资源才能解锁 //

💰 围攻

2019年春天,我在机场被粉丝认了出来,粉丝非常热情,拍照合影之余,还请我吃哈根达斯冰激凌。当我揭开盖子那一刻,粉丝来了句:"听说你破产断供了?断供了会不会被限制消费啊?你怎么还能坐国际航班?我请你吃高档冰激凌不违法吧……"这一连串追魂夺命问,听得我手一颤,差点把葡萄朗姆酒的盖子塞到她嘴里。

我问她,这些乱七八糟的谣言都是打哪儿听来的,她告诉我是深圳的小V们盛传的。我听了叹口气,告诉她,以后这种网络上的垃圾传言最好不要看。

💰 断供谣言

为什么会有"断供"的谣言呢?其实,很多微博小V批评的不是水库论坛,而是他们想象中的"炒房客"。但凡说看多楼市的,一定是杠杆加到极致的，一定是三个月不涨就跳楼的，一定是借高利贷的，一定是买"贵妇CEO盘"买在顶峰的……这些人如此会猜测，不写"霸道总裁"的网文实在是可惜了。

为什么这些小V会将如此呆板死蠢的印象套到"水库"头上呢？因为他们没一个人严谨地看过水库的理论体系。水库论坛有几百篇文章，几百万字，而且怕理论写得不完善，实操不详细，水库还有"知识星球"，几乎是一步步教、手把手教。但这些批判水库论坛的小V不但不看，还轻飘飘地说："他这一套以前是可以的，但现在形势不同了，今年再这样玩，就是找死。"

还是那句话——以上全错。

如果水库论坛"去年有效，今年过时"，那还会形成今天这样庞大的枝叶体系吗？我对水库论坛的反对者抱有深深的怜悯，因为他们实在太懒了，无法集中精力经受数小时以上的学习，所以，当下一轮牛市来临，当水库传人取得成功、赚取数百万的升值时，他们就会眼红地杀进来，采取他们自以为是的"伪水库一刀流"手法。你心中有什么，你眼中看到的就是什么。

务实

有的读者会说，你已经发泄了半章内容的情绪了，还有完没完？我们是来看干货学本领的。

接下来讲重点，两点干货。

第一，是否断供，和"一刀流"没有任何关系。

这是一个内行人都心知肚明、外行人极易踩坑的关键问题。看房产文章时，如果里边有"房价三个月不涨，××濒临资金链断裂"之类的内容，你就可以不看了——"涨价与否"和"现金流断裂"没有任何关系，只要实战过就会明白，一套房子涨价30%+，这是令人满意的牛市，你的现金状况不会因为牛市有丝毫的改善。一套房子涨到130%，你是不能加按揭再抵押的，抵押率一般是55%，130%×55%≈71%，而普通的按揭，杠杆率通常是70%。这就是抵押率天生的缺陷，哪怕不考虑恶劣的手续费，你也是没钱抽水的。如此一来，大家谈论得乐此不疲的牛市，究竟还有什么意义？

牛市的价值主要来自士气，不论房价是涨三成还是跌三成，对于现金流状态的影响几乎是一模一样的，唯一的区别是涨三成"欢欣鼓舞"，全家都支持你，而跌三成或者不涨不跌，冷嘲热讽总免不了，家里的骨肉至亲，有的是希望你丢脸的。

在"赚钱团结"的大好局面之下，很多资源可以"解锁"，这才是真正的核心之处。比如你的父母拿出几十万元的养老钱想交给你去打理，并鼓励你继续买入更多；比如你向亲戚朋友融资时不仅非常容易，还有人要拿钱出来跟投。你继续筹措其他渠道的资金，心头也是暖洋洋的，浑身充满了干劲。

当房价下跌三成，或者不涨不跌的时候，上面的事情你可以做，问题就在于市场"一片极寒"之时，要想"解锁"资源，就显得很不容易了。你的父母可能会对你失去信心，你的配偶也开始疑神疑鬼，亲戚朋友也变得很难被你说服，这时，你需要花费大量时间和口舌去说服他们，此时唯一不会抛弃你的就是银行，因为不管房价涨跌，该申请的房贷仍然可以申请。

所以，在今天的世道中，加上"限售"等诸多的约束，我们买房子从来就没想过三个月抛售，这段时间是涨是跌，跟"现金流断裂，炒家跳楼"毫无关联，唯一的影响就是轻松"解锁"融资，还是受家里人的指责和白眼。

第二，余力法。

如果经济真的已经极度萧条，那么"跳楼断供"的也不是楼市看多者，而是绝大多数"非水库系"的菜鸟——他们的财务思路是错误的。如果你是购买99元"理财课程"的用户，那么你错误的严重程度会翻倍再翻倍。

很多人秉承的都是不贷款的原则，在他们的眼中，贷款多可怕啊，还要付利息。借100万元，一年足足要5万元利息。5万元很多吗？楼市一个涨跌停就涉及多少万元？身家性命相搏，粮草值多少钱？但是空头小V的眼皮，就这么浅。几十元等额本金/本息，哆哆嗦嗦还要算计很久。

越是经济萧条的时刻，越是应该多贷款，把更多的现金捏在手里。有的人拼拼凑凑，只需要贷四成就够了，年限还压得特别短，只贷了十年八年，有些人甚至还喊出了"前几年还的都是利息""30年本金接近翻倍"的口号。千万不要这么做，老老实实六点五成贷满，剩下二成宁可捏在手里。哪怕存银行，让银行白赚"存贷息差"都可以。

舍得牺牲，才能获取更大的利益。边角料的损失，换来的是一整棵树木。

杠杆与笋盘[①]哪个更重要

// 时机最重要 //

💰 前言

长期以来，地产圈一直有一个争论不休的话题："零首付"流派划算，还是"笋盘"流派划算。说得通俗一点，就是在做选择时，是应该尽量追求杠杆，还是尽量追求折价？从定性研究的角度来说，这个问题我们心中有数，如果涨幅较小，"笋盘流"划算，如果涨幅较大，"高杠杆"划算，就如同两条曲线在某处相交。但是，房产投资是一门科学，除了定性研究，定量分析也要做。于是我静心算了一下，结论颇为有趣。

💰 零首付流派

假设有一套价值900万元的房子，目前有两种算法。

（1）首付0，贷款1000万元，手续费100万元，追求"杠杆最

---

① 笋盘：指低于市场价，性价比高的房子。——编者注

大化"。

(2)首付400万元,贷款400万元,将笋盘压价,净支出只有800万元。

这两种算法的盈亏平衡点在哪里?哪一个因素对收益影响最大呢?

其实,这个数学问题十分简单,只不过没有人系统地进行过"教科书式"的计算罢了。我们可以列出表2-3,它是"零首付"流派的现金表。通过这个表可以发现,"零首付"流派其实并不是零现金,它还是需要支出现金的,而且金额还不低,甚至在某个时刻比老老实实的"笋盘"流派支出的现金更多。"零首付"流派名义上完全不需要首付,但是到了实战中,一旦你完成了交易,很快就要开始付月供了,而且因为拉高了总价,进行了大量的贷款,算上贷款和手续费,月供远远超过正常流派,往往会压得你喘不过气来。

表2-3 "零首付"流派现金表　　　　　　　单位:元

月数	月供	剩余贷款
0	0	−10 000 000
1	−68 169	−9 976 748
2	−68 169	−9 953 391
3	−68 169	−9 929 929
……	……	……

我们来看表格,假设买一套价值900万元的房子,月供要付68 169元,一年需要近82万元,相当于房屋总价的9%。如果一张完美的"零首付"单子,你拖上三年,则仅仅还月供部分就花掉了房价的27%。因此,在水库论坛内部称"零首付"流派为"−100+10X",意思是说什么事情都还没做,就先亏了100万元。但要注意,由于零首付(或一成首付)杠杆高,以后的涨幅可以乘以10。

"零首付"这个流派,如果房价不涨,你就死定了;如果房价微涨,你就小赚;如果房价大涨,你才大赚。进一步计算回报率,我们可以列出表2-4：

表2-4　36个月还款表　　　　　　　　　　　　　单位：元

月份	现金流	现金流	现金流
0	0	0	0
1	-68 169	-68 169	-68 169
2	-68 169	-68 169	-68 169
3	-68 169	-68 169	-68 169
4	-68 169	-68 169	-68 169
5	-68 169	-68 169	-68 169
33	-68 169	-68 169	-68 169
34	-68 169	-68 169	-68 169
35	-68 169	-68 169	-68 169
36	-68 169	-68 169	-68 169
年末负债	-9 093 643	-9 093 643	-9 093 643
期末估值：	9 500 000	12 000 000	15 000 000
售房所得：	406 357	2 906 357	5 906 357
净收益：	-2 047 725	452 275	3 452 275
IRR[①]月：	-14.32%	0.90%	4.33%
IRR年：	-84.35%	11.29%	66.22%

这是一个36个月的还款表，到了第36个月，你还欠银行9 093 643元，假设卖房可得950万元、1200万元或1500万元，对应利润则是-205万元、45万元、345万元，年化收益率分别是-84%、11%、66%，为了看起来更为直观一些，我们可以做出图2-1：

---

① IRR：内部回报率，又称内部报酬率或者内部收益率，是指使现金流的现值之和等于零的利率，即净现值等于0的贴现率。——编者注

076　守住你的钱

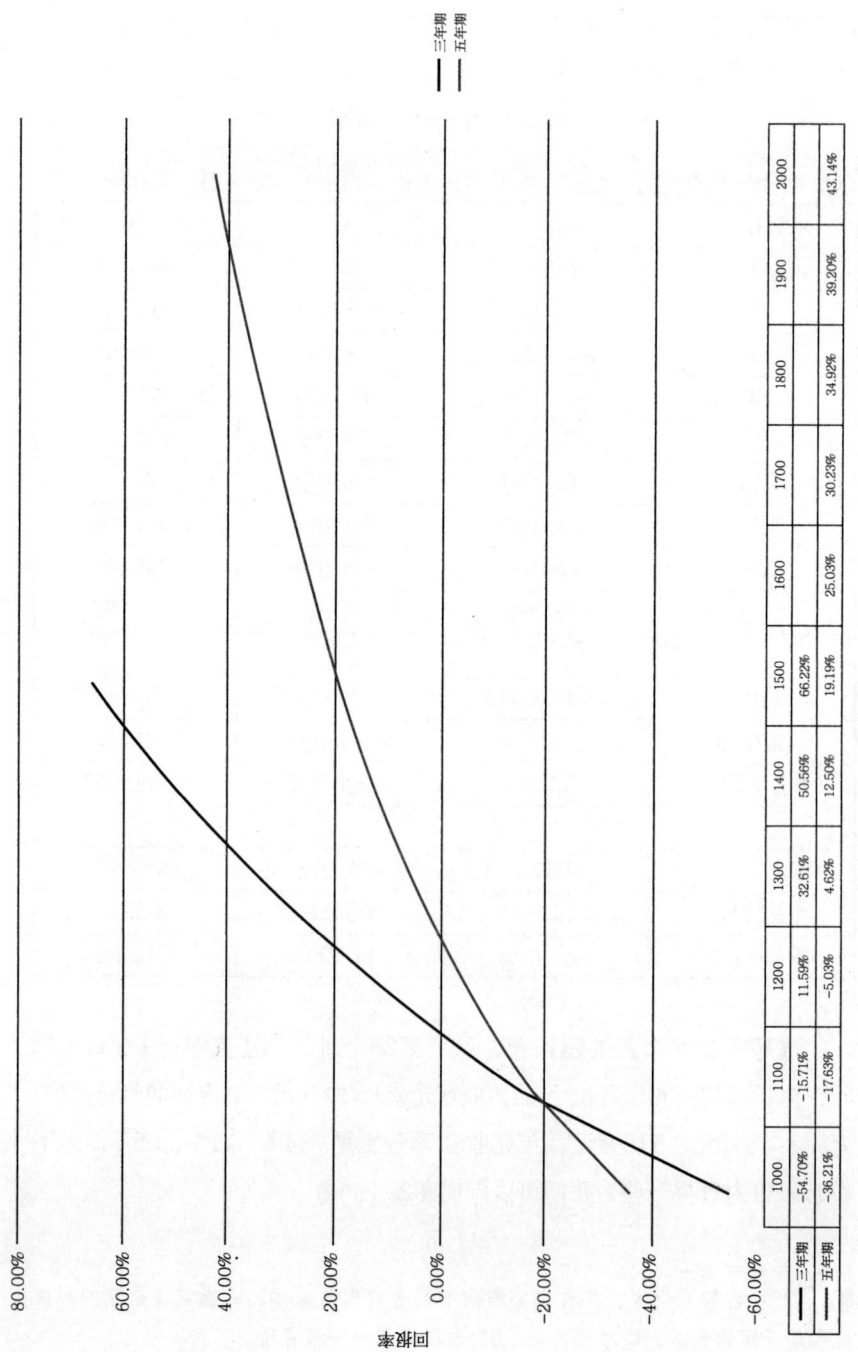

	1000	1100	1200	1300	1400	1500	1600	1700	1800	1900	2000
三年期	-54.70%	-15.71%	11.59%	32.61%	50.56%	66.22%	25.03%	30.23%	34.92%	39.20%	43.14%
五年期	-36.21%	-17.65%	-5.03%	4.62%	12.50%	19.19%	25.03%	30.23%	34.92%	39.20%	43.14%

图2-1 预期回报率

总之，图表的意思是，一套"零首付"900万元的房子，如果持有五年，房子涨到1400万元，你的年化回报率是12.50%。按照如上的计算，回报似乎并不高。

笋盘流

下面我们来看第二套算法——"笋盘流"。假设一套900万元的房子，被你以800万元买到，首付400万元。贷款做得不好，只能贷400万元，过了三年分别还是售900万元、1200万元、1500万元，请问回报率是多少呢（如表2-5）？

表2-5 "笋盘派"现金表　　　　　　　　　　单位：元

月份	现金流	现金流	现金流
0	-4 000 000	-4 000 000	-4 000 000
1	-27 268	-27 268	-27 268
2	-27 268	-27 268	-27 268
3	-27 268	-27 268	-27 268
4	-27 268	-27 268	-27 268
5	-27 268	-27 268	-27 268
33	-27 268	-27 268	-27 268
34	-27 268	-27 268	-27 268
35	-27 268	-27 268	-27 268
36	-27 268	-27 268	-27 268
年末负债	-3 637 457	-3 637 457	-3 637 457
期末估值	9 000 000	12 000 000	15 000 000

续表

月份	现金流	现金流	现金流
售房所得	5 362 543	8 362 543	11 362 543
净收益	380 910	3 380 910	6 380 910
IRR月	0.22%	1.54%	2.45%
IRR年	2.68%	20.14%	33.63%

同样我们画成图2-2，这样会直观一点，图中的实线是"零首付"流派，虚线是"笋盘流"流派，图中可以看出"笋盘流"流派几乎一直都在盈利线以上，如果三年涨40%+，或者五年涨64%+以上，则"笋盘流"流派被"零首付"流派收益超出。

通过简单的计算可以得出，"零首付"流派毫无价值。因为以三年计算，"笋盘流"流派已经提供了每年20%+的复合回报，而作为"稳健投资"，每年有20%+已经很不错了。而"零首付"流派要到三年涨幅40%+之后，收益才能反超，而之前一直是巨额亏损。

亏损？投资最忌讳的事情之一就是明知道亏损还要往上冲。

对绝大多数的投资者而言，不论收益率40%+还是60%+的"横财"，所带来的快乐都是有限的，而亏损的"巨额风险"则绝对是不能接受的。所以，从风险喜好角度来看，是不是也应该抛弃"零首付"流派呢？

💰 超短期

测算完两个流派的"三年期&五年期"的回报率以后，我又测算了一个"一年期"的回报率（如图2-3）。

唉，自己的四字口头禅用在了自己身上：以上全错。在一年期前提下，"零首付"流派的回报曲线一骑绝尘，向着4000%走去了。

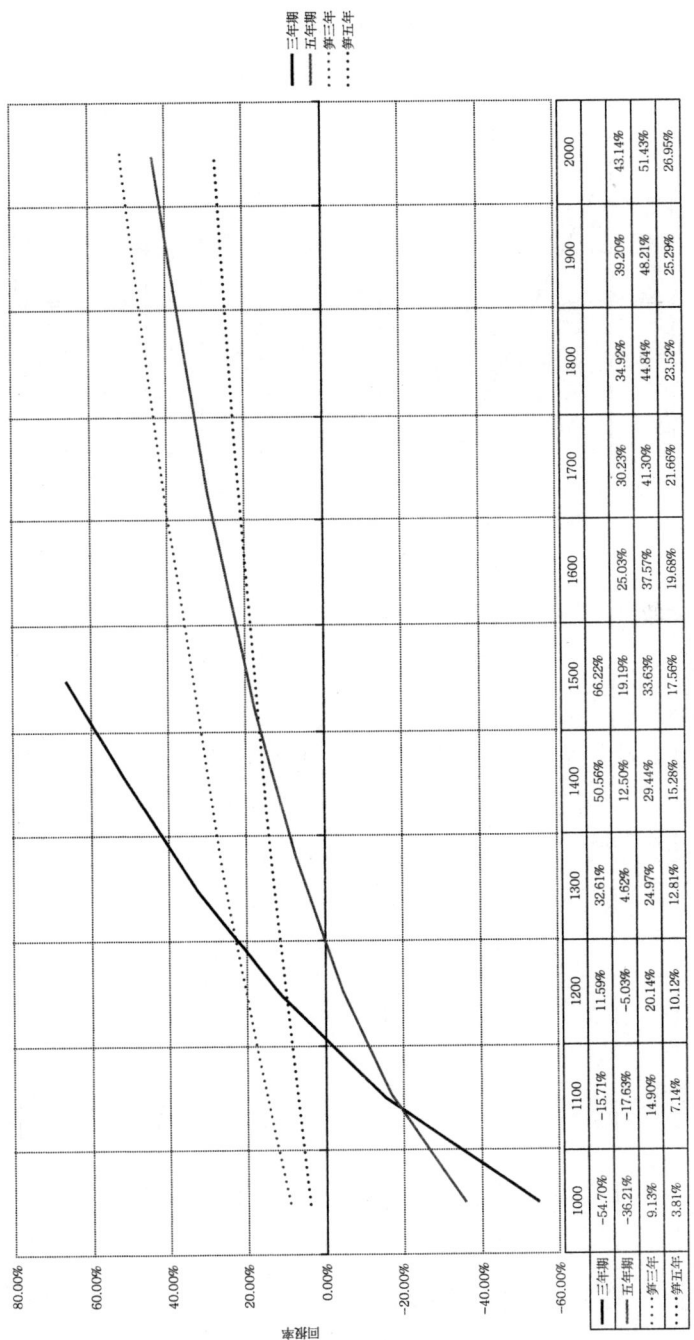

	1000	1100	1200	1300	1400	1500	1600	1700	1800	1900	2000
三年期	-54.70%	-15.71%	11.59%	32.61%	50.56%	66.22%	25.03%	30.29%	34.92%	39.20%	43.14%
五年期	-36.21%	-17.63%	-5.03%	4.62%	12.50%	19.19%	37.57%	41.30%	44.84%	48.21%	51.43%
笋三年	9.13%	14.90%	20.14%	24.97%	29.44%	33.65%	—	—	—	—	—
笋五年	3.81%	7.14%	10.12%	12.81%	15.28%	17.56%	19.68%	21.66%	23.52%	25.29%	26.95%

图 2-2 预期回报率 2

080　守住你的钱

	10 000 000	11 000 000	12 000 000	13 000 000	14 000 000	15 000 000	16 000 000	17 000 000	18 000 000	19 000 000	20 000 000
——一年期	-90.38%	119.91%	439.38%	810.36%	1214.75%	1643.65%	2091.79%	2555.72%	3033.00%	3521.81%	4020.75%
……第一年	39.15%	60.70%	82.05%	103.23%	124.24%	145.11%	165.84%	186.46%	206.97%	227.38%	247.69%

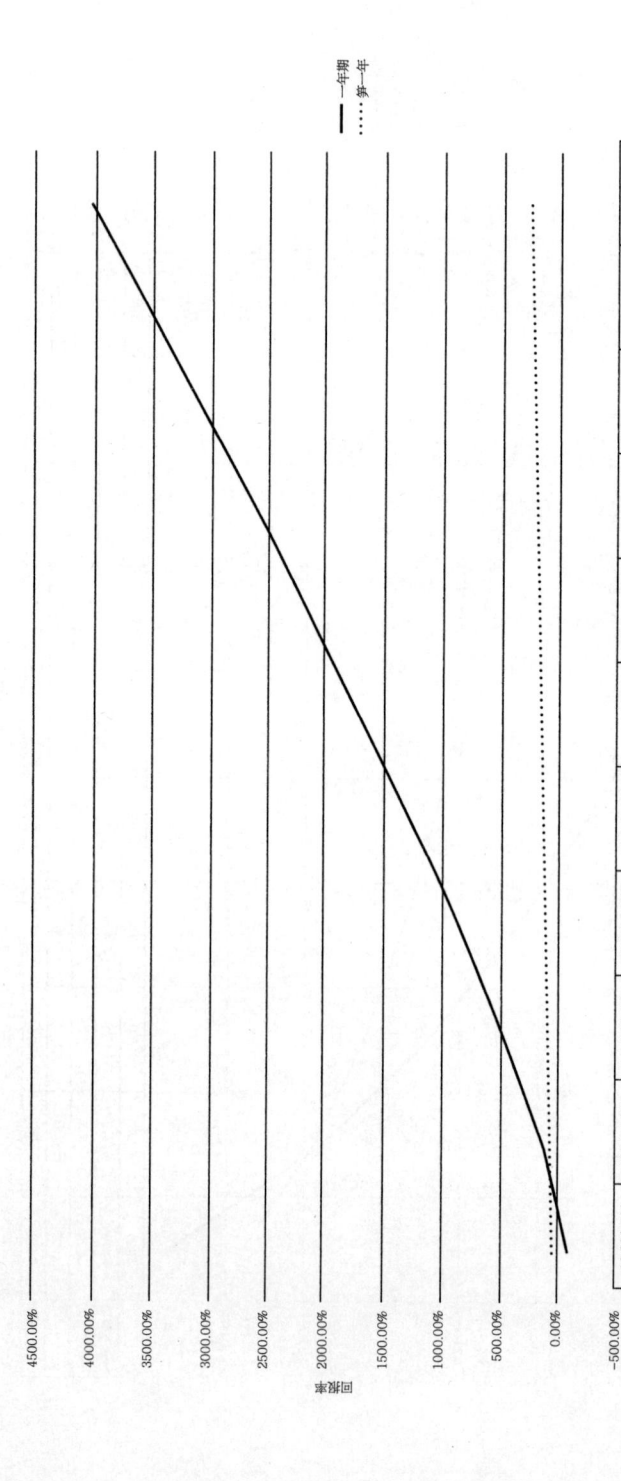

图2-3　一年期回报率

之前我们看"三年期，五年期"的回报率，"零首付"流派并没有特别优势，皆因为虽然是零首付，但是也要付月供，三年填进去了27%的房款。但是"一年期"的比较，则打爆了图表的上限，而在整个标量中，最重要的是时间。关于杠杆和"笋盘"的争议，最应该问的是，你预期要持有多少年，越是确定在"大涨前夜"，而且涨了就可以在一年内抛现，越是应该选择杠杆。相反，如果你持有时间较长，则应该追求"笋盘"。

众所周知，水库论坛的主要手法是"大面积，低单价"，而且流派倾向于长持为主，我们去到一个新的城市，往往会期待一个十年的雪坡，所以水库还是侧重"淘笋"，而不是拼命"加杠杆"。

关于风险的把控

关于风险，我想很多人都对一件事有误解：所有的风险都是边际风险。

假设，一个人有2000万元的净资产，他跑到重庆全款零首付买了一套房子，你说他有风险吗？给重庆本地人，都要吓傻了，日夜担心，吃不下睡不着。但是你说安全吗？对一个有2000万元净资产的人来说，多加一套80万元的房子，算什么风险？哪怕他少付了24万元首付，说不定他自己的主力仓位三个月月供就十几万元了，这半年下来，总负债还是减少的。

对绝大多数人来说，他的"底仓"是不动的，如果你90%的仓位都是稳如泰山的，那么你拿出10%做先头部队，刀磨得再快，又有什么关系呢。几乎所有的多军都缺乏现金，而自己的债务每个月都在减轻。把少量"高能"的先头部队磨得尖锐一点，又有什么关系呢？你看到的全力一刀，其实并不是全力一刀，对我们来说，"锐刀"无非是一种财务工具而已，肯不肯多出10%的手续费，借900万元还是1000万元，类似的决策是与否，唯一的影响因子也仅仅是数学，和道德无关。

你的父辈们连贷款都没见过，背一点点贷款就吓得夜不能寐。但经历过的人都知道，这都是很小、很安全的事，没有坐过云霄飞车的小孩子，不用吓得哇哇大叫。

以房养老设计手册

// "无遗产权"房可以大力推广 //

💰 以房养老

关于"以房养老"的话题近几年一直比较火。按照权威的说法，"以房养老"就是鼓励一些孤寡老人在生前将房屋抵押给保险公司，然后保险公司按照房产价值，每个月给老人一笔养老钱，房子老人继续住，待老人去世后，保险公司再处置房子，并扣除相关费用。在这种模式下，那些收入较低但名下住房价值较高的老人，每月都能获得一笔养老金，从而改善老年生活。

听起来是不是很美好？既解决了孤寡老人的养老难题，保险公司也能得到好处。实际上，早在2007年，上海就出现了全国第一个"以房养老"案例，但只成功了6例，此后就再也推行不下去了。

为什么没能推行下去？原因就在于，这个安排极度不公平，风险收益完全不对称。按照目前的设计，孤寡老人持有一套价值100万元的房产，然后把房产交给保险公司，每个月能领2514元。假设孤寡老人从60

岁开始领取养老金，预期寿命是86岁，那么每年领取3万元，26年领取78万元，竟然连本金都没有拿回来。

💰 金融骗术

在"以房养老"这件事上，老百姓认为自己被保险公司骗了，而保险公司也一肚子苦水。银行的估值逻辑是这样的：你的房子现在估值100万元，但要到26年后才能拿到，假设每年贬值2%，那26年后，房子最多只值59万元。但我现在就要给你现金，现金是有利息的，按照现金的贴现率，我的确每年只能给你3万元。

此外，在实际操作中，保险公司还有行政成本，而且房子通常是"估不足"的，保险公司需要留出很大空间来保障自己的风险，所以孤寡老人的回报就会更低。如果这项业务长期执行，将会有大量的不动产持留在保险公司手里，也容易积聚金融风险。

其中最主要的分歧就在于26年后这套房子的估值到底是多少？如果你相信传统教科书里的金融理论，认为房子不断贬值，股票不断升值，那么这套房子26年后确实只值59万元。但是孤寡老人却不相信，他们只知道朴素的道理，那就是26年后这套房子绝对不可能只值59万元，他们的期望值是多少？租金忽略为零，26年后，房子起码值几百万元。

💰 "斗长命"的精算

那么，将房子抵押给保险公司来"以房养老"，究竟应该拿多少钱呢？我们可以换个算法。假设你有100万元现金，交给保险公司打理，保险公司每月给你分红，直到你身故为止，你每个月应该领多少钱呢？

2003年，我遇到几位长辈买保险，他们买的是一种叫作"斗长命"

的香港保险。60岁老人一次性付100万元给保险公司，保险公司每年分红，老人超过75岁身故则保险终止，如果不满75岁身故，则付到75岁，分红给子女。这个产品当时的价格大概是5666元/月，年率6.8%。

这种保险之所以会被称为"斗长命"，是因为按照6.8%的回佣率，活到75岁就能拿回100万元本金，活到80岁大约有3%的回报，活到90岁大约有5.4%的回报。那如果你的寿命无限延长，甚至活到300岁，保险公司会不会赔穿呢？当然不会，因为按照图2-4我们会发现，收益率的上限就是6.8%。所以，保险公司根据当期投资利率，再根据香港"人均寿命"加权平均，最终定出了5666元的回报费率。

这一系列的数学，我们不必深研，我们只需知道一点：一位60岁的老人，将100万元交给保险公司，一直领钱到身故，合理的回报应该在5666元/月左右。很显然，"以房养老"给出的回报只有2514元/月，实在是太低了，连一半都没有。

以房养老的设计

"以房养老"之所以会出那么大的偏差，就是因为它的产品设计不合理，完全漠视了地产价值。正确的"以房养老"不应该是目前仅有的"二方模式"：老人卖出房子，每月获得2500元，获得租赁权；保险公司买入房子，每月付出2500元，没有租赁权（如表2-6）。

表2-6 "以房养老"二方模式　　　　　　　　　　单位：元

	现金流	身后房产	身前使用
A.老人	+2500/月		获得
B.银行	-2500/月	获得	

图2-4 "斗长命"保险

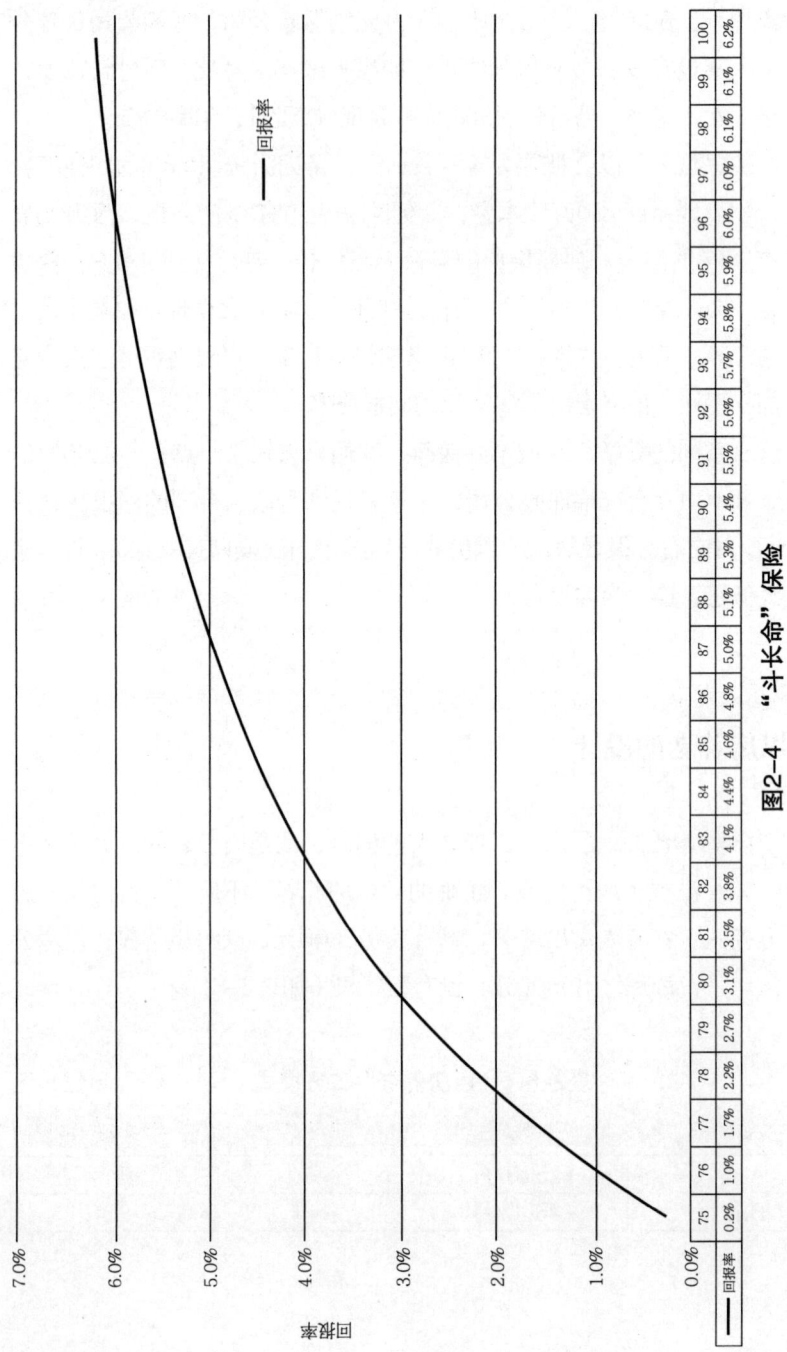

正确的模式，应该是三方：老人（A）卖出房子，每月获得4000元，获得租赁权；保险公司（B）获得100万元，每月支出5666元；投资者（C）付出100万元，每月获得1666元，获得房产（如表2-7）。

表2-7 "以房养老"三方模式　　　　　　　　　　单位：元

	现金	现金流	身后房产	身前使用
A.老人		+4000/月		获得
B.银行	+1 000 000	-5666/月		
C.投资者	-1 000 000	+1666/月	获得	

我们来看保险公司（B），其相当于承接了一笔100万元的"斗长命"金融产品。因此，保险公司的逻辑是很清晰的，不涉足任何不动产，也没有金融风险。我们再来看投资者（C），他相当于花100万元买了一套"老公房"，此后"长线出租"，因此也是完全符合常理的。如果采取更复杂的设计，还能租金递增。最后是老人（A），他应该每月获得4000元（不满75岁死亡，则领钱到75岁），这个才是真相！

遗产权的算法

上一页ABC的表格事实上也揭示了另一条金融创新的道路，即遗产权交易。我们经常会听到有人吐槽，自己是刚需，买的房子自己住，哪怕升值了也只是账面财富，又不可能卖掉。你隐隐约约觉得这句话是错的，逻辑是有问题的，但是又说不出谬误在哪里。

其实你可以这样想，你的房子完全可以传给下一代，到时候房子价值1000万元，和现在房子价值100万元，待遇能一样吗？所以，真正的算法即在于"遗产权交易"，只要知道利率、年龄，就可以算出身后房产的价值。

一套房子大多是70年产权，而这多年产权主要分为老人活着自己住和老人去世房子归你，"继承权"价值的算法十分简单。既然老人活着的时候，每个月可以领4000元"年金"，换算进"斗长命"产品，这份年金的价值就是4000/5666×100≈70.6万元，所以，老人生前使用的价值是29.4万元，老人去世后归你的价值是70.6万元。

所以，在未来的金融市场，完全可以存在"遗产权交易"。房价涨了，自己还要住，你可以把"遗产权"卖掉；房价太贵，实在买不起房，你可以购买没有"遗产权"的房子。

我认为未来完全可以推广"无遗产权"房。当你活着的时候，房子无限使用；当你死了以后，房子被收回，无法继承。这样的话，房价完全可以打个五六折。

储蓄平方米

// 房产的频繁交易不应被视为洪水猛兽 //

💰 提问

前段时间，我接受一个财经媒体记者的采访，其中有一个提问非常有意思。大概意思是，现今北上深的房价越来越高，未来是否会出现年轻人无法上车，从而造成阶级固化的现象？我看了记者一眼，心想："我从来不会给别人期望中的答案，我给出的最常见答案是'以上全错'。"于是我告诉他："不会啊，我觉得任何人都可以买得起北上深的房子，年轻人只要努力一点，30岁左右都可以供楼的。"

听了我的回答，记者脸上泛起了鄙视和不信的表情。毕竟，北上深这种城市，一套像样的两居室要700万元，像样的三居室要1000万元，而且首付还特别高，加税费都要40%左右。30岁的年轻人，就算不吃不喝，也攒不出280万元首付，即使付完首付，也供不起月供。所以我遭到记者的鄙视并不奇怪。于是我又补充道："这些年轻人可能都是985、211的优秀大学生，他们的智商可以，财商却不足，不懂得理财，而光靠智商是买不起一线房子的，至于财商，可以买我的课程……"没等我说完，这个记者就打断我，恶狠狠地说："别玩虚的，你说，要怎样才能买得起北京的房子？"

"其实很简单，假设这个年轻人有对象，男方年薪25万元，女方年薪15万元，那么两个人可以这样买：第一年存一半，20万元买一套沈阳的房子，用房租部分抵扣月供；第二年再存一笔钱，再买一套，以租养贷，稍微贴点；第三年再买一套……以此类推，到了第八年，已经买了八套。你从22岁开始，一直到30岁，坚持每年贷款买一套房子，八年积攒了八套房子。最后在第八年把八套房子都抛了，你认为八套沈阳的房子能不能换回北京的一套房子？"

财经记者半信半疑，我也不做过多解释，且不说"限购、限贷、代持"等技术性难点，我们就问一句：这样的模型，理论上可不可行？

追逐

上面的模型在理论上是可行的，这并不是一句戏言，反而是欧美常见的金融范式，它另有一个名字，叫作REITs[①]。我来解释一下，假设一对年轻人从22岁开始，平均税后收入在40万元/年左右。那么等到30岁，他们是无论如何也买不起房子的，因为收入的积蓄是无论如何也赶不上房价的涨幅的。

绝大多数年轻人都有这样的记忆，不敢买衣服，不敢下馆子，几乎砍掉了所有的生活开销，一年赚40万元，储蓄率60%，已经接近极限。毕竟人还要吃饭，也就是剩25万元左右。但是一年下来，房价的涨幅绝对不止25万元，1000万元的房子大概率变成了1100万元，所以，距离反而越来越远，永远也追不上。

[①] REITs：是英文Real Estate Investment Trusts的缩写，即房地产投资信托基金，是一种以发行收益凭证的方式汇集投资者的资金，由专门投资机构进行房地产投资经营管理，并将投资综合收益按比例分配给投资者的一种信托基金。——编者注

这样一种"追赶问题",真正的bug在于,它的算法是错的!你用货币去追逐房产,注定是追逐不到的,财商高的人应该是房产追逐房产。这个月工资攒了1.2平方米,下个月奖金攒了1.3平方米,发季度奖攒了2.4平方米……这样一点点"攒砖头",才能渐渐攒出100平方米。

攒砖头

怎样才可以"攒砖头"呢?在中国,我们依然采取一种极其低效且烦琐的方法:个人投资者。众所周知,"水库"的精神可谓是"和时间赛跑"。我曾经说过,赚钱的主要方法是和通胀套利。货币的贬值是大趋势,明天的物价一定比今天的贵。你想赚钱,就一定要把今天的钱换成明天的物,而且时间越紧凑越好。

在"知识星球"问答中,经常有网友在实施某一项计划前问我,等一年户口迁入可好?等一年资金到位可好?等一年公积金符合资格可好?我的回答总是:"楼市不能等一年。"楼市的行情是以季度计算的,在一个踩准节拍的城市,差一年或许就相差20%,你存五六年定期再去买房子,简直是不可想象的。我们奉行"2N"理论,每六个月就要把手中的现金全部打光,换成筹码。因为六个月蓄力有限,所以以"低单价,低端城市,低端楼盘"为主。

用更学术点的语言说,我们的"颗粒化"是六个月,六个月当然比五年有效,也比三年有效,也比一年有效。为了尽快建仓,能不能把资金空转再压缩一点?比如压缩到一天?

知乎上有个很热的帖子,名叫《为什么中国人喜欢炒房、购房,而欧美日等发达国家的人主要选择租房?》,这个问题根本不成立,因为你深入研究以后会发现,反而是美国人在全民炒房,商业的基因已经深入到他们的骨髓之中。因为美国人主要的金融工具是REITs,所有人都在疯狂地买卖REITs，然后看起伏涨跌。

所谓REITs，是指拿出一整个社区，例如600套房子，70 000平方米，分割成100万份，每一份就是0.07平方米，他们以"手"为单位，只要一点点钱就可以买几手。REITs相当于ETF[①]，当房地产市场上涨时，REITs也会涨。当房地产市场下跌时，REITs也会跌。一般来说，抛掉100平方米REITs，就可以换回100平方米同地段住宅了。

REITs出现以后，整个地产的游戏规则就不同了，因为你可以锁死"平方米"存款。价格是在波动的，它的涨跌无法预测，看你是"纸本位"还是"砖本位"。传统的"定存"，锁死的是人民币数量，以人民币计价不会亏，但换成砖头，可能买不了厕所。REITs的"定存"，锁死的是平方米数量，以平方米计量永远在增长，但换成人民币，有可能跌价。

但问题是，有些人一直在喊"自住刚需"，一直要"居者有其屋"，那就满足你自住刚需的需求。可为什么你都住到房子里去了，却又阴险地透露其实你想要升值赚钱的想法呢？

金融的创新，并不能无中生有变出财富，但可以以满足大义的名义，堵住你的嘴。

购房券

像恒大、万达、万科、保利之类的大地产商，完全可以发行自己的"购房券"，券面分为ABCDEFG等各种等级。比如你持有100张D券，就可以在二线省会城市中环线附近兑换恒大集团的100平方米房款。这

[①] ETF：是英文Exchange Traded Fund的缩写，即交易型开放式指数证券投资基金，简称交易型开放式指数基金，又称交易所交易基金，是一种在交易所上市交易的开放式证券投资基金产品。——编者注

样做的好处是地产商可以ICO①，提前回笼，聚集资金，购房者也可以分享几年楼价上涨的红利。证券化交易有利于价格发现，评估套利，分散风险。

另外，一项资产只要可以证券化，你就可以融资融券。你完全可以只付30%的首付，加三倍杠杆，然后银行按照6%利息借款给你，皆大欢喜。

结语

泰国是一个十分贫穷落后的国家，泰国有大量的REITs。越南是一个远逊于中等收入的国家，越南更有大量的REITs。所以，房地产的频繁交易不应被视为洪水猛兽。

---

① ICO：Initial Coin Offering或者Initial Cryptocurrency Offering的简称，是一种区块链行业术语，是以初始产生的数字加密货币作为回报的一种融资方式。这里用在房地产行业，取其比喻义。——编者注

当房龄走向衰败

// 不存在新式不折旧的房子 //

💰 衰败

前段时间，有人写了一篇名为《当小区难以挽回地走向衰败》的文章，在网上一经传播，瞬间就达到10万+的阅读量。我看了一下文章后面的留言，大概画风是这样的：幸亏告知，吓死宝宝了；哎呀，要不是大师提醒，我们就要吃大亏了；以后只敢买新房子，一手房；等持有到14年时，一定要坚决卖掉，然后再换成新房子；某流派持有的老破大、老破小，估计要输得当裤子了……

看完留言，我瞬间觉得优越感爆棚，因为在我看来，这些人的留言是：以上全错。我想起前段时间看过的一部非常棒的小说，里边有句话令我印象深刻：你可以自私，但你不可以自私到以为别人都不自私。同样的道理，我也想奉劝留言的那些人：你可以聪明，但你不可以聪明到以为别人都不聪明。

自私

这些留言的网友的世界观,大致是这样的:既然作者说房龄到15年时价值会断崖式下跌,那我就持有14年,尽享房产升值,然后等到第15年抛售给别人,让别人接盘,承担所有风险。

这群网友的如意算盘打得真是乒乓作响啊。但是,我想劝这群网友,千万别以为自己就有主角命,别以为自己是"天选之人",别以为世界是围绕着你转的。同样是人,凭什么命运偏袒你?凭什么让你吃在大底,抛在顶峰?一个正常的、健康的、心智完善的人,首要要学会尊重别人。你可以打小算盘,但别把别人当傻子,如果第15年房子的价值断崖式下跌,那么有谁会接14年的房子?如果你买的第二年,房价就跌去20%,那么有谁会买这项资产呢?所以,千万不要幻想会有一个傻瓜来给你接盘。

成年人的首要标志是他应该意识到这个世界是艰辛的、苦难的、来之不易的,至少要意识到所有人都是和你平等的。

折旧

如果有一项1000万元的资产,过了15年就会折旧为零,请问第14年时,该项资产的价值是多少?这道数学题无论你怎么演算,答案都只有一个,那就是66.67万元。因为所有人都是聪明的,如果这项资产在第15年的时候残值为0,那么在第14年的时候,它的价值一定是1000/15≈66.67(万元),否则在第14年买入该资产的人就亏了。以此类推,在第13年的时候,它的残值一定是133.33万元,在第12年的时候,它的残值一定是200万元……这是一个必然,因为价值的变动是由资产套利公式来决定的,并不是最后一天突然折旧,而是有折旧这个说法的每一天,它都在折旧。

如果一项资产的残值最终会是0,那你根本就不该去持有它。否则的话,每个月都要把租金收回来,持续摊销。

💰 常数

按照上面的算法,房龄每年的影响只可能是一个常数。例如,每年折旧1%,房龄对楼价的影响绝不可能忽快忽慢的,绝不可能某几年影响为0%,某几年-2%,某个特殊年份-20%。如果发生这种情况,就会产生套利机会,所有人都会在T-1年纷纷卖出,T年再买入。

那些被那篇文章吓破胆的网友,如果他们真去买"楼龄=0年"的新房,就能够摆脱注定衰败的命运吗?答案是:不能。如同美女从出生那天起,就注定会变成阿婆一样,今天0房龄的豪宅也注定会变成"老破大"。你自己想想,今天你唾弃的多层"塔楼",当年何尝不是局长、处长才可以住的高干宿舍?当你还是一个学生的时候,看今天那几个所谓的"老破大"楼盘,又何尝不充满仰慕,你一面唾弃15年前的CEO盘,一面又坚信自己的CEO盘能够保值,岂不是精神分裂?

💰 真正的投资之道

所有的房子都在无可挽回地折旧,并不存在新式不折旧的房子,那些幻想长持14年,断崖式下跌前抛售的人,侮辱的不是对手的智商,而是你自己的人品和智商。真正的投资之道,应该是正视所有房子都在不停折旧这个事实,然后问一下自己,有没有人会犯错误?答案我一开始就说明了。

在我们这个社会上,确实有一群人对"每年折旧1%,平稳折旧"这个事实是认识不清的。她们往往会给新盘过高的溢价,给旧盘过低的估价,这类人群的画像,我说过无数次了,可以简单概括为"贵妇流"。这群人买房子,往往5~8年毫无斩获,尤其是看到类似开头的那篇文章后,她们会一窝蜂地去买一手盘。而5~8年之后,所有贵妇溢价购买的CEO小区,无一例外都会变成"老破大"。当年的社区做得越精致,越有品位，现在折旧得也越厉害。

举个例子，2012年，有个网友买入了仁恒森兰雅苑，这是外高桥的楼盘，属于郊环外，离崇明岛一江之隔，离市区50千米，地铁坐到你崩溃。这房子我的估值不会超过16 000元/平方米，但是这个网友却以48 000元/平方米的价格买入。7年之后，其他楼盘已经翻倍，仁恒森兰却还是48 000元/平方米，而且在市况如此惨淡的情况下，谁会花4万多元买外高桥的楼盘呢？真的要卖，估计得砍到3万元以下吧。

这就是迷信品质、新房，被浓妆艳抹的一刹那迷惑的结果。今时今日，仁恒森兰早就是个老破大小区，破破烂烂，遍地垃圾，估计解套终身无望，有这种反向指标，亏钱样本，我们想不胜出也很难啊。

结语

小学生们考虑，学区房好，多了一项学票功能，买买买；水库中人考虑，学区房是好，但价格是否已经超出价值？

小学生们考虑，新房好，楼龄小，远离衰败，买买买；水库中人考虑，你也不过15年的青春，你的溢价是否已经超过15年利息？

我们可以看到，小学生是一阶思考，水库中人则是二阶思考模式。如果你用二阶思考的话，很多结论是反过来的，并不是最美丽的楼盘值得买，而是最低估的楼盘值得买。

"老破大"的特点是房屋的折旧到了一定期限会有一个阈值，就好比女人从26岁到31岁是剧烈折旧，但是36岁到41岁，就是轻微折旧，容貌的变化已经不大。换句话说，36岁的女人才是抗折旧的。同样的道理，新房落地打八折，在最初一两年，才是新房折旧最厉害的阶段，至于十几年楼龄的老房子，岁月对它的摧残已经不大。

民宿到底赚不赚钱

// 天底下任何一个行业，赚钱都是靠专业 //

💰 民宿

我曾经作为经济学家受邀录制《财经郎眼》节目，与郎咸平教授一起讨论民宿行业。郎教授举了一个数据，大约75%的民宿是不赚钱的，真正赚钱的反而是民宿登记发布平台，类似小猪短租、蚂蚁短租，甚至携程、美团。

如果是别的学者来讲，用的不是市场营销分析方法，那我可真是要拍案而起，抢答发言了。民宿到底赚不赚钱？首先这个问题问得就不对，赚钱与亏钱，重要的不是民宿，而是细分市场。整个民宿市场至少可以分为四个子类：（1）乡村/旅游民宿；（2）都市民宿；（3）精品民宿；（4）轰趴[①]别墅。这四类的商业逻辑又完全不同。

[①] 轰趴：英文Home Party的音译，即私人举办的家庭聚会。引入中文语境后，可理解为室内聚会或室内派对，参与者多为年轻人。——编者注

乡村/旅游民宿

首先是乡村/旅游民宿，这也是郎教授提到最多的失败类型，大规模的空置、亏损主要发生于这类民宿。乡村/旅游民宿的重点是位置。想当年，奉化溪口的旅游市场无论如何也搞不起来，当地领导痛下决心，一定要把深度游搞成。为什么？因为溪口是个小地方，这地方离宁波又近，旅游景点狭小，游客们往往当天就返程了。如果只卖旅游景点门票，当然无所谓，可是酒店、餐饮业就哀鸿一片了。因此，当地要发展旅游业，无论如何得让你多住一晚，找个理由让你当天玩不完，至少玩一天半再走。

同样的道理，现在很多乡村/旅游民宿根本就没有任何存活的可能性。你弄个李陵墓，搞个李时珍墓，游客过来已是不易，拍拍照，半小时就走了，谁会想在你这儿住一夜？只有大型的、具有深度内涵的旅游景点附近，游客才有二日游的需要，但这些地方往往已经有成建制的国营招待所或宾馆了。而且民宿想要揽客也着实不易，大巴车的停靠点，景区的岔路，季节性、节假日突发的"峰值"人流，这些都是考虑因素。

乡村/旅游景点民宿，最大的特点是他们的成本极低。如果是农民自家炕房出租，则成本几乎低到零，这个业态的模式特点是几乎无法开单，销售额几乎为零，亏损的90%民宿样本都是这种类型的。

另一方面，这种类型的民宿一旦开单，哪怕一年只做10天生意，就会赚得盆满钵满。以黑龙江的雪乡为例，因为离大城市极远，坐大巴车得五六个小时，因此，你去了吃住都得在当地消费，而当地没有正规的酒店，时不时还能赶上网红们的"峰值"涌入，民宿老板们自然会大赚一笔。至于坐地起价，说好的700元/晚，到现场临时翻脸，变成1500元/晚，就不是我们所提倡的了。

💰 都市民宿

都市民宿通常以房间、床位作为出租单位，提供的是千房一面的住宿产品。其面向的客户以大学生、年轻人和背包客为主。这群人学历高、懂电脑，但是没什么钱，所以在住宿方面他们最关心的就是省钱，这也决定了都市民宿完全不可能赚到钱。

淘宝网上的"小c"店铺天盖地，简单计算一下就有几千万家，那开淘宝店赚钱吗？盈利都交了淘宝的"排序保护费"了。同样的道理，如果说有短租平台剥削民宿业主，肥了平台饿死房东，这多半指的就是都市民宿。每座城市都有数以万计的分租房东，他们或是普通白领，或是退休夫妇，仅仅想分租一个房间，赚取一些额外收入。他们并没有自己的房间特色，毫无差异性，也没有流量渠道，甚至连细心的打扫都做不到。这些都市民宿高度依赖平台，平台推荐哪家，哪家就有订单。相应地，利润也被平台赚了大部分，最后只剩下一点辛苦钱。

顺便说一下，有一些大资金、大资本也流入了民宿行业，诸如美丽屋、自如，分店已达到上百家，房间数更是超过万间。它们和散客最大的区别是自建渠道，自己有官网+流量入口，因此避免了平台的抽佣。至于效果，目前客户似乎更喜欢住百姓民宿，一方面这类民宿更有烟火气，另一方面也的确比公司化运营更便宜。

💰 精品民宿

我有一个粉丝，在Airbnb上海十大民宿中，她名下占了七席，每天订单接到手软，数钱数到抽筋。和都市民宿的客户对价钱斤斤计较不同，她的客单价非常高，甚至一晚可以刷到4000~5000元。

有人或许会问，如果你出到2000元以上，你为什么不去住五星级酒店，而要来住民宿呢？问这种话的人，通常都没住过五星级套间。酒店的标房建筑面积一般在25~32平方米之间，哪怕尊贵如行政套房，标准也就45平方米。但是一套最普通的两居民宿都要120平方米，民宿大到160平方米以上，对标的就是酒店的总统套房了，所以用酒店来对比民宿，本身就是不公平、不客观的。

而我这个粉丝主要经营的就是200~300平方米的大户型，位于黄浦江附近。夜晚华灯初上，浦江两岸灯火璀璨。谁不想尝试《何以笙箫默》的大宅呢？

每一套精品民宿都是艺术品，价值2000万元以上的昂贵设备的运营和维护都需要大量的专业人力。我们在民宿的介绍上，往往会看到微距照片，一滴水，一花一叶，都可以拍出禅意。精品民宿很喜欢选择跃层，挑空中庭，带阁楼，带露台，带花园，带地下室，无敌江景，无敌绿景，云中楼层……

在地产术语中，有个词叫"鬼牌"，泛指不同于普通两室三室的特殊户型，这是精品民宿最适合的对标对象。遍历世界各大城市，体会不同的尊享人生，品红酒，留自拍。天才设计师的展现，给你不一样的居住体验。

轰趴别墅

在民宿市场中，如果说乡村/旅游民宿占30%，都市民宿占64%，精品民宿占5%，那么轰趴别墅只占1%。这是最小的一个市场，绝大多数人甚至对此一无所知。轰趴别墅主要指郊区大型别墅，一般建筑面积要400平方米以上，带私家花园，如果带戏水泳池更佳。

"轰趴别墅"的主要客户群是喜欢开派对的富二代，也有一些中小企业会来这儿开年会或客户答谢会。别墅虽多，适合轰趴的不多，再加上信息隔离、闭塞，就把这类别墅的客单价推高到了一个令人咂舌的地步。我相信99.9%的读者没有大别墅，所以这里就不展开写了。

结语

民宿这个市场，我主要关注"精品民宿"和"凤变冰[①]都市民宿"，对于其他类型的民宿，我真的不太关心。天底下任何一个行业，赚钱都是靠专业，不专业也能赚钱，那才是不正常了。

[①] 凤变冰：水库论坛术语，字面意思为"罗玉凤变成范冰冰"，是指通过低成本的装修翻新、重新规划布局的方式，使得原本老破旧、空间布局不合理的房产租得更贵、卖得更快。——编者注

第三章

财富是怎样炼成的

WEALTH

守 住 你 的 钱

肮脏的收藏业

// "收藏流"是一件很脏的事情 //

💰 古董

首先，我问各位读者一个问题："古董有价值吗？"

譬如一件汝窑的瓷碗，如果说使用价值，它是真的一点都没有，用作饭碗，它还不如2元一个的大白碗——现代工业化产品制造，最新的烧制工艺，釉面更光滑，杂质更少，碗面更纯净，最关键的是打碎不心疼，谁没事捧着几十万元的碗，吃几元钱的煮白菜啊。

如果你要说文艺价值，或者考古价值的话，那估计也不大。人类的绘画，从《蒙娜丽莎》开始的佛罗伦萨画派画法，到毕加索的现代派画法，已经经过几次大的飞跃，与千年前相比，人类的艺术水平已经不知道高到哪里去了。若是考古、考证的话，只要留下照片、碎片即可，似乎也没必要买个碗回家。你再想想，但凡明器，都是从地底下挖出来的，这个不知道有多脏啊，想想都恶心。反正用鸡缸杯喝茶的事，我是做不出来的。

综上所述，古董的价值何在？因为稀缺啊！古董的支持者们认为，古董是一种不可再生的资源。时光机器尚未造出来，你不可能穿越回宋代去，宋代遗留下来的古物，因为战乱纷争，保管不当，砸一件少一件。因此，这是一个供应量为负的市场，存量紧缩，价格岂能不涨？

打住，打住，以上全错。

原因在于，历史虽然在不断摧毁古董，但也在不断制造古董啊。比如你是一个历史系学生，假如你能穿越回汉代，那是非常幸运的。汉代的教授，课堂上就只会考你夏商周、春秋战国、秦的历史。如果穿越回唐朝呢，老师就要考你夏商周、春秋战国、秦汉、魏晋南北朝、隋唐的历史。穿越回明朝呢，要考夏商周、春秋战国、秦汉、魏晋南北朝、隋唐、五代十国、宋辽金蒙西夏、元明的历史。作为一个明朝人，你为持有一件宋代瓷器沾沾自喜，觉得一定可以保值升值。可是真到500年后呢？虽然宋瓷更稀缺了，但是古董的品类却增加了，明清瓷器、字画、红木家具……无数文人墨客又加入了新一轮的收藏，整个市场的竞争只有越来越激烈。

古埃及一共经历了31个王朝，考古学家为了梳理清楚，耗费了大量的精力。那么请问，一件第十五王朝的艺术品和一件第十八王朝的艺术品，在拍卖价格上会有巨大的差异吗？这就好比你买了一套房龄为0的新房，小区隔壁是房龄为18年的老房子，20年后，你房子的房龄是20年，隔壁小区的房龄是38年，同样是老房子，有什么区别吗？如果你给古董以岁月，它反而毫不保值，因为古董虽然是稀缺的，但古董的供应却是不断增加的。

张维迎教授曾说过，经济学中根本不存在"垄断"，只存在"替代"。唯一的区别在于"替代"程度的多少。比如诺基亚手机，它的任何一款型号都是有专利的，谁也不能生产，但是苹果生产的iPhone则是另一种类型的手机，靠"替代"击败了诺基亚。手机相对于分众传媒，又是一种替代，外卖相对于方便面也是一种替代。张老师讲的这一点，实在是非常大的智慧。

"垄断"永不存在，"替代"无所不在，想通了"收藏流"的原理，便知道"收藏流"不可能赚钱。

💰 收藏流

收藏这种事，最早是古董瓷器、金石书画、唐砖汉瓦、翡翠佛像，随后渐渐扩展到球星球衣、明星签名、邮票、钱币、电话卡、Chanel限量版。随着物质生活水平的不断提高，收藏也与时俱进，扩散到了金融业领域，变成了一些较稀缺的资产。例如某些一流公司的股票、限量版的数字货币、珍稀地段不可复制的豪宅等。

有人喜欢购买不可再生的古董。问题是，买稀缺古董能赚钱吗？就拿我上边说的那个汝窑瓷器来说，的确是越来越少，但也是越来越不稀缺的。市中心好地段的稀缺的房子，你照CBD的标准来看，的确是造一块少一块，因稀缺而产生价值，但CBD本身也是不断增加的。市区的概念从最早的两三条商业街，到十几个副中心，再到远郊几十个开发区，从整体来看，景观大宅一定是不断增加的。

同样的道理，如果你想通过定期定额购买蓝筹公司，也是注定会失败的。因为根本不存在"稀缺"的蓝筹，根本不需要股票经纪人来忽悠你，是你自己的思路有问题。没有任何一家公司是永远优秀的，市场的真相是"优秀的公司不停地轮换"。想想15年前，新华书店里最好卖的书还是写"经营之神"杰克·韦尔奇的，今天你再看看通用的股票能卖多少钱？日本有四大"经营之神"，20年前索尼如日中天，如今索尼还剩多少市值？中国台湾的"经营之神"台塑王永庆，现在混得怎么样？美国IT界在20世纪80年代是IBM的天下，到了90年代就变成了微软，21世纪初是Yahoo，现在是苹果……而苹果呢，大概率也熬不过下一个10年。昔日的超级巨无霸，不到10年就已过气，哪有什么永远的"大蓝筹"。

💰 收藏流的盲井

"收藏流"或者定期定额之流，是一种非常糟糕的投资思路，这意味着在未来30年，你对自己的投资失去了判断。从概率上讲，不管股票经纪人有没有恶意地误导你，"收藏流"本身买到劣质资产的概率是非常大的，这一点在艺术品、邮票、股票等投资品上尤为明显。

举个例子，2018年在艺术品市场刷出的"AI作画"第一拍，其实就是典型的没有披露AI算法、没有披露买家、没有披露交易税费的"三无谣言"，所以这是一笔非常可疑的交易，很有可能是庄家自买自卖，恶意宣传造势。但是在"收藏流"，这种伪劣信息就成了致命的软肋：因为的确有富人不知从什么渠道赚到了第一桶金，但同时又没有任何财商，德不配位，只能在金融市场当"韭菜"[①]。这种人会不断地买入所谓的艺术品，从来不研究"物有所值""流动性"，等他哪一天走了，遗孀要将满满一屋子的艺术品变现时，就会发现根本卖不出什么钱。

类似的故事已经在集邮界、藏书界发生了许多次，而无良经纪人更可能喂给你的是老庄股——那些远远偏离基本面、被爆炒了几十倍的庄股，通过"代客理财"，让定期定投的你接盘。

不过，以上都不是最惨的。最惨的是30年定期定投比特币（BTC）的程序员。

结语

从本质上讲，"集藏"只在买入时烧钱，卖出时根本不值钱，只能作为消费，不能用来投资。"收藏流"是一件很脏的事，简直和贩卖明器一样恶臭。三百六十行，每一行的钱都有人赚。客户出于某些认知误区，放弃了判断力，定投式买入，被坑几乎是必然的。虽说"对韭当割"，人生几何，但你鼓吹客户去收藏，赚客户的这种钱，还是很脏。

[①] 韭菜：网络用语，指被反复压榨或欺骗还依然执迷不悟、不明真相的人。相应地，其被反复压榨的过程被称为"割韭菜"。多用于金融或经济领域。——编者注

合伙做生意万万搞不得

// 对鱼来说，最困难的，是意识到水的存在 //

💰 合伙做生意

年轻人炒股，往往是从格雷厄姆的《证券分析》入手的。看完大师们的微言大义、循循善诱以后，自觉智商也高人一等了，然后化作一片"韭菜"，冲进股市，被人无情收割。

这一节的开头，我要先给大家讲证券投资分析的第一课：

格雷厄姆的《证券分析》是错的。

彼得·林奇的心得是错的。

巴菲特的经验，也是错的。

你得先把《证券分析》扔进垃圾桶里，才算入了门。对鱼来说，最困难的，是意识到水的存在。"韭菜"被割的第一课，就是被人带歪，基础打偏了，以后只能任人宰割。当二线三本娃辛辛苦苦啃着《证券入门》时，有没有人告诉他，这本书是彻底错误的？没有，绝不会有，这个坑，他一辈子也跳不出来。

假设你手里有点闲钱。你有个发小叫狗蛋，是你姑妈家的三姨夫的四舅子的小侄子，你们俩从小玩到大，关系可好了。这天狗蛋找到你，说想做一些小本生意，想在国贸CBD开间洗车行。生意的投资倒不大，连场地加设备也就是几十万元。当然，这钱他自己也拿不出，所以想找你合伙，让你入股。按照狗蛋的说法，这个项目真的是蛮好的。你想，国贸汇集了几十万人，最有实力买豪车的款爷都在这里了，而且他们也舍得为爱车打蜡保养。按照国贸地区的总人口数，乘以40岁以下的人群比例，再乘以男性百分比，然后算算月均洗车次数……哇，市场无比巨大，财源滚滚啊。

听着狗蛋忽悠你入股，你低着头，一个劲儿地抽旱烟，心里总有一个小人翻来覆去地叫着："不中，不通。"一大堆细节问题涌入脑海：附近地区有没有其他洗车行，行业竞争如何？国贸地区无比拥堵，两条街之外的客户会不会懒得开车过来？停车位是否足够，客容量爆了怎么办？商铺租约签了几年，万一房东涨价怎么办？哪天房东赶我走怎么办？这些念头，反反复复在你脑海中逡巡。再回家和媳妇一商量，媳妇踹你一脚——傻了吧你！狗蛋做了两年，携款潜逃怎么办？明明账上盈利，他和你报亏损怎么办？狗蛋给他媳妇开高工资怎么办？

越听越是风险，越想越是风险。

稍微有一点社会常识的人都知道合伙做生意是万万搞不起来的。即使是几个意气相投的好朋友联手创业，待公司稍微大一点，一定会出现权力斗争，一定会有各自的小九九，搞不好，最后连朋友都没的做。这件事是如此之困难，以至于"回家和老婆商量"，基本就等于"拒绝"的代名词了。以我们房圈为例，最简单的例子，朋友借给别人两张信用卡，他婆娘就夜不能寐了，一晚上在床上翻煎饼浮想联翩：会不会拿去做违法乱纪的事？会不会连累到我们？会不会哪天警察上门来了……不行，4点半，天一亮，就得让他去把卡讨回来。

借卡都这么困难了，捆绑别人的借记卡、借名字代持、合伙买房……更是千难万难。如果你向亲朋好友借点钱，说好了用十二个月，两个月还没到，对方就觍着脸过来了："孩儿他妈想买点P2P……"

我们身处一个低组织度的社会，合作是非常非常困难的。乡党、社众、抬会、宗族等早就被打散，仅在潮汕地区还留有一些残余。相对应地，拉朋友做生意，就需要付出非常高的成本。

💰 代价

如果狗蛋拉你开洗车行，你会要求几个点的回报？

重点不要搞错了：不是利息的问题，而是本金的问题。跟很多P2P骗局一样，上当的人看中的是高额的利息回报，而跑路的P2P骗子瞄准的则是你的本金，即"你贪我息，我贪你本"。一年期存款利率目前不过1.75%，理论上来说，哪怕只有2%的回报率，也足够合作做生意了。但你若跑到社会上去用2%的回报向人融资，那真是滑天下之大稽，会被人当精神病。在这个社会上投资实业，比较正常的融资回报率目前行情在20%~25%，也就是说，狗蛋找你合伙开洗车店，你投出去的钱，回报目标应该在20%~25%。

这个数字是怎么来的呢？首先，这个社会上不仅有"股权融资"，也有"债权融资"。债权融资，可以用抵押物抵押，也可以像水库多军那样内部拆借，安全性是非常高的，利息一般为10%~12%。中小企业融资难，你可以简单地把企业贷款还掉，就是8%的无风险收益。25%-12%=13%，剩下的13%，是折旧。

切记切记，企业寿命是需要计提折旧的！

狗蛋拉你开的洗车店，你不指望能开到天荒地老吧？开几百年，子子孙孙无穷尽传下去？企业是很脆弱的，营商环境的变化，商圈地铁改道，甚至出现了一种新的机器，都会导致生意关门。企业的死亡是断崖式的，前一年还如日中天，后一年就是步柯达、诺基亚、贝尔斯登的后尘了。平时不提折旧，一个浪头过来，毕生股份直接清零。

13%的折旧，相当于7.5年的回本。即你和狗蛋开的这家洗车店，连续七年，每年分红25%，这种收益和定存8%吃利息差不多。这里面的数学是非常残酷的。现在的年轻人，开个奶茶店、烧烤店，一年到头忙个不停，却发现刚刚打平，其实就是亏了。实业入场的目标，目标回报率至少应该是25%，达不到这个水平，根本不该去创业。

募资

好了，现在我们看另一种情况。村里有个张老爷，他想投资一个完全不靠谱的项目，类似于低压电器或者连锁餐饮。张老爷找你融资，拍着你的肩膀说："阿韭啊，和狗蛋的合作你不敢投，与我合作，你想收几个点呢？"

几个点？你自己说几个点。

你张大户欺男霸女、横行无耻，内部管理混乱，中层贪腐不断，对外账目不清，表兄弟关联交易频频，而且你从来不分红，赚多赚少暗箱操作。我和狗蛋，当年一起钻过玉米地、偷过红薯，可是过命的交情。和狗蛋的合作俺都不放心，怎么可能把辛苦的血汗钱交给你这个黑心财主？

如果说和狗蛋的合作，我的要求是"年分红20%~25%"，尽快把本金收回，做好七年后公司倒闭的打算，那么和张大户的合作，至少要要求25%~33%。我对张老爷有四年的耐心，四年之内，我必须取回全部的本金。从历史记录看，你连四年都够呛。

请注意，我们这里讲的是现金，现金分红。一元现金，在上市公司手里和在小股东手里，其价值是完全不同的。应收账款一元，最多也就值个二三角吧。特别要注意这一点：我们讨论的是市红率，而不是市盈率。目前市红率仅仅只有1%左右。

估值

股市的均衡估值是多少？多少倍市盈率是公允合理的？这个问题，按照政治正确的说法，绝大多数证券公司的报告会推介你20~25倍市盈率——"如果PB[①]仅有1.7~1.8倍，那估值就是合理的，值得并购买入的"。

谎言，彻彻底底的谎言！

股市，就是合伙和张老爷做生意，应该按照合伙人的要求估值。在历史长河中，股票从来都不是估值很高的东西，在股票出现的最初100年中，它长期遵循着8/8/8原则：市净率0.8PB，市盈率8倍PE[②]，分红率8%现金。

只看过《证券分析》的小白会惊讶地问："8倍PE，估值不会这么低吧？"不好意思，就是这么低，而且还是全世界最好的股市才能达到这个水平。英国有悠久的契约传统，美国有最严厉的SEC（证券交易委员会）监督，英美股市才有8倍，普通股市只有5倍。在1960—1980年期间，经济发展最好的日本，世界经济增长的模范生，其股市平均PE也只有6倍，中小企业股只有3倍，PE=1（看清楚，不是PB）的公司比比皆是。至于东南亚穷国，哪怕是"四小龙"也不值一提。中国香港股市一直有PB=0.1的企业（今天都有），十元钱净资产卖你一元，你说便宜不便宜？（中国香港股市，要到红筹兴起后，估值才开始离谱，至于原因，不提也罢。）

造成8/8/8估值的原因是，所有人都默认公司寿命是需要计提折旧的。古典保守主义者认为，在你破产之前，你分的所有红利等于你的价值。从这个角度看，绝大多数科技公司是一文不值的。如果我们按照与

[①] PB：市净率，指的是每股股价与每股净资产之比。——编者注
[②] PE：市盈率，最常用的估价指标，以每股税后利润除以股价得出一个比例。——编者注

张老爷合作的思路来考察目前股票的估值,你说值多少钱?如果按照市红率20%估算,你说这盘生意值多少钱?难道獐子岛的董事长会比光屁股一起长大的发小狗蛋更值得信任?

结语

格雷厄姆的《证券分析》有些过时了,因为作者写于PE=0.8的时代,诸多价值分析是基于股票有价值的基础研判的,但现在根本不是古典时代了,现在是一个PE=80、PE=300、PE=无穷大的时代,整个游戏规则已经完全变了。

怎样刷高指数

// 比特币还能再创新高吗？//

💰 指数

前段时间有个网友问我："比特币还能再创新高吗？"

我的答案很简单：不可能。要把这个逻辑讲清楚，需要很长的篇幅，这一节我们就主要讲这个问题。

假设在非洲某国的股市中有100只上市股票，市值300点。有一家名为"撒哈拉"的股票交易所，里边的股票全部都是80倍PE、8倍PB；里边的各家公司管理混乱，大股东丑闻迭出，掏空上市公司事件接连不断；更糟糕的是，这些股票都有着不良的"过往记录"，都是重仓集中老庄股，套牢筹码层层叠叠，暗坑无数。如果现在的管理层想让"撒哈拉"的指数翻一倍，庄家盼你去解套，好让自己的脸上有光，你该怎么做？

首先，千万别去翻书。所有的证券投资秘籍、炒股书都是垃圾，写书就是为了坑你，都不可能教你干货的。此时，让点数翻倍的方法很简单：管理层在300点的高位，再IPO[①]一只大盘股，编码000101。这只大

[①] IPO：全称为Initial Public Offering，即首次公开发行股票，是指企业通过证券交易所首次公开向投资者增发股票，以期募集用于企业发展资金的过程。——编者注

盘股的定价，是15倍PE。上市时的市值相当于原总市值100%。这个叫"扩容"。

按照国际通行的规则，IPO不改变指数，无论你是80倍、15倍，还是8倍上市，指数还是300点，然后这只000101股票的价格就可以翻一倍，从15倍PE涨到30倍PE，这个时候"撒哈拉"的指数是多少呢：

X+X=300点；

X+2X=450点。

简单地按一下计算器，总市值增加了50%，指数自然就从300点涨到了450点。需要注意的是，整套操作的关键点有三个：一是它和原股票的品质是无关的，任何时候都可以操作；二是股民没有赚到一分钱；三是总市值急剧增加。

实操

理论模型当然比较简单，在实际操作中，并不是IPO一只股票，而是一群股票。新扩容的所有股票，总市值必须接近或等同于原总市值，至少要在一个数量级上。然后在这些股票上市之际，PE估值必须低于现有市盈率，流通盘要很小，至少最初是微不足道的。接着再组织一些力量，把价格拉上去，整个大盘就会有1000点以上的涨幅。

有些读者朋友常年困惑于一个问题："为什么炒股不赚钱？"主流的政治正确的回答一般是："因为你不能坚持捏着不动。你总是希望波段炒作，高抛低吸，赚取差价。如果你能像巴菲特建议的那样，长持40年不动，必能收获理想的回报。"

这是彻头彻尾无耻的谎言！

"撒哈拉"股市，从成立迄今，所有的交易手续费大约是总市值的20%。如果你坚持不动，意味着你不用付这20%，多赚两成。看看你的账户，摸着你的良心说，难道给你120%倍数，你就赚钱了，就赚大钱了？

真实的故事根本不是这样的，因为股市的回报率根本不是26 000点/3000点，30年涨了8倍。真正的股市回报率应该用IRR计算。关于这一点的展开分析，在我几年前写的那篇《股市骗局（一）》文章中已经写得很清楚了。

股市的真实游戏规则就是一摊烂泥，全部都是PE=200的股票，个个都是老庄股。越贵的股票越是臭名昭著。这种情况下，股市自然会不断下跌。六熊一牛，绝大多数时间，股票呈现"苍白而失血的脸色"，跌到一定程度时，需要拉指数。怎么拉呢？自然不是投钱，给你老庄股解套，而是前文提到的"扩容"。

老股永远是不涨的，永远是不兴风作浪的。这和房地产拼命造新区，炒新板块的原理是一样的。"撒哈拉"股市的每一次起死回生，每一次绝地反击，都是靠"扩容"开始的。不要谈IPO分流了资金，老股跌得更多，晴雨表要求的是指数上涨，形势大好。指数的上涨是靠"扩容"来的，而不是靠股价上涨，全球股市的历史都充分地说明了这一点。

这里插一个问题："那我不买个股，我买指数基金，可不可以？"

不可以。指数基金也很难模拟股票的全部走势，日积月累，误差会越来越大。因为每次IPO，只有一点点是流通股，绝大多数是大股东自持的非流通股。例如大家耳熟能详的苹果、亚马逊、微软，每天交易的或许只有0.1%的份额，却影响着几千亿市值的波动。在这种情况下，指数基金是很难模拟全部的市值构成的。没有任何指数基金可以在半年内换掉一半股票。

💰 美国股市

有人会问，我不去看非洲的股市，美国的股市是不是"流淌着奶和蜜""像天堂般的地方"呢？其实美国股市也不赚钱，用IRR分析法进行计算，你会发现，其回报率远远低于理财顾问嘴上宣称的数字。2018年通用公司的市值跌到了750亿美元，而韦尔奇在职时最高市值达到了6750亿美元，足足跌去了6000亿美元。1900年的道琼斯30只成分股，通用是最后一只，无可奈何花落去。长持？你持有100年试试！

"新股疯涨，老股不涨"才是华尔街的精髓。新股90%的股票都在贝佐斯手里，你赚谁的分享升值梦呢？有人会说："那我不停地换筹，始终持有最热门的股票，能不能赢？"你要知道，交易本是零和游戏，有人赚就有人亏，单独持有任何一只股票都是亏钱的。你相信互相交易、换筹，A和B都可以不亏钱，真是智商喜人了。

我们理解了"扩容–虚增指数"的游戏玩法，理解了过去几十年股民"赚指数不赚金钱"，也理解了为什么十赌九输，有了这些基础概念，就能理解为什么现在"拉指数"越来越困难了，因为找不到大盘股了。

例如，目前的美股总市值大约是30万亿美元，是美国GDP的1.5倍。回首过去100年，我们清晰地看到，"美股/GDP"比值是一个渗透率不断上升的过程：0.1%—1%—10%—50%—150%。如果想再现"扩容—拉升"的过程，我们需要另外再去找30万亿美元的企业股权，按照15倍PE上市，然后拉到30倍，道琼斯指数轻易就可以涨一万点。问题是，哪还有那么多未上市巨型企业？叠码终有一天会穿帮的啊！

需要注意的是，我并不是说"扩容—拉升"手法就会终结。在未来30年，这类手法会持续贡献"指数涨幅"，但肯定会越来越困难。随着股市的体量越来越大，操纵这头"大笨象"的难度也急剧上升。不仅上市公司难找，资金也难找了。

比特币

回到文章开头的那个问题，比特币还能不能再创新高？其实比特币最大的问题就是"总市值"已经很高了，按照1800万枚×4000计算，比特币目前的总市值约720亿美元，这是一个非常高的数字。比特币自然也有庄家，无非是一只老庄股，恶炒老庄股。千千万万的"韭菜"，按照人均2000美元的速度，大约也要割100万只"韭菜"才能血酬。但"韭菜"的数量是有限的，圈粉推广，是按照线性增长的。按照某些人的梦想，"一币一墅"，要割数十亿韭菜才能满足其欲望，上哪儿找那么多DAU（日活跃用户数量）去？

越是大的市场，越是难以操纵，从100万粉丝到200万粉丝，难度就会翻倍，到了一定程度，哪怕上涨一倍，也需要海量资源。比特币不可能动辄再涨2800倍了，因为它已经太贵了，未来哪怕涨一倍都很吃力了。

定期收割定投"韭菜"

// 投资，应该第一时间冲进银行 //

💰 收藏流

前文"肮脏的收藏业"，我们讲了两点：

第一，收藏本身不会导致稀缺。

第二，很多客户用的是一种"收藏流"心态。看中投资品，就经年累月不停地买入。

但我们并没有细讲为什么"收藏流"是一个很糟糕的流派，为什么"收藏流"的收益率通常远低于正常的股票、债券投资，为什么坚持"收藏流"大概率会沦为"垃圾资产"的收藏大户；也没讲邪恶经纪人如何从"收藏流"中收割尽可能多的"韭菜"，为什么著名的"定期定额投资法"是错误的。驭民之道，诛心为上。天下之事，最核心的就是洗别人的脑，把他洗成一脑袋糨糊了，不愁他不变成你的提款机。

我们说过，股市有几大骗局，骗局的核心在于"入门第一课"就直接把你带到沟里去。格雷厄姆的《证券分析》是错误的，看市场份额、增长速度、毛利率、竞争对手……统统都是错误的。我有一次参加某个数字货币大会，听与会者大谈数字货币理想、人类沟通与自由、去中心化如何美好……各种大词滔滔不绝，可从头到尾，就没一个人提到，为什么比特币要卖6000美元，而不是60美元，也不是1美元。

这就属于被"入门第一课"带歪的。智商比较低的人，很难分清广告和忽悠。同样的道理，在金融或投资领域也有一个常识级的洗脑谬误，也是小白最容易犯的错误——"定期定投"。

定期定投

定期定投在学术界是没有任何地位的，翻开任何一本学院派投资学理论书籍都找不到定期定投的说法，这一点估计又毁了很多人的三观。定期定投是基金公司自己搞出来推销给投资者的，只不过他们掩饰得好，把定期定投包装在投资学科普话术中，针对的目标客户是"按月领粮"的小白领。

设想一下，假如你刚继承了一笔遗产，金额有数百万美元之多。从理财的角度，你该如何打理你这笔横财呢？所有的投资学教科书都会告诉你："今天就投到金融市场，通过购买一个多元化的组合包来分化风险，例如债券+股票，又或者美国股市+欧洲股市的组合。"那么，有没有人建议做"时间上的拆分"呢？比如把这笔钱拆成12份，每个月打一份，从时间上错开金融市场的高峰和低谷。

没有，百分百没有。因为定期定投理论，从一开始就是为了宰小白兔的。哦，小白领。它之所以设计成每月一次的供款方式，就是为了匹配小白领月薪的出粮规律。在数学上，定期定投荒谬绝伦。正三角、倒三角、定期定投、投资顺序的任何改变，都不可能影响收益。定期定投是完完全全的智商税。

那么，基金公司设计出定期定投的目的是什么呢？为了手续费。这里可以拿赌场举例，赌场最怕的是什么？是没有流量、没有客源。赌场的一切行为都是为了让赌客在赌场里停留更长时间。基金公司也是这样想的，平时要吆喝流量，就得付出非常大的广告推广费用，而定期定投则是最好的"吸管",能够源源不断为他们吸取资金。所以定期定投完全是基金公司编造出来的虚假理论,就是想赚你的管理费而已。

定期定投的弱点

《孙子兵法·虚实篇》说:"兵无常势,水无常形。"意思是说,只有保持灵活性,随机应变,军队才有战斗力。反映到个人,则是头脑清醒,时刻根据形势变化做出判断,才能保护自己的财富。"定期定投"为什么会输?因为你的行为被固定住了,被人看穿了底牌。

在《社保划算,还是商业保险划算》那篇文章中,我曾讲到过香港"强制性公积金"的故事。"强制性公积金"只要求你取出工资的14%,随便你投资什么股票,这已经算仁至义尽,但依然遭到香港证券界的强烈反对。因为人口在各个年份的出生率是不同的,存在着"Baby Boom"的现象。某几个世代的人口会特别多,你拿14%的工资去投资,会表现为同一个时段买盘特别多;等你退休时,这个世代的人一起抛股票,这个时候抛盘就特别重。这就给大鳄创造了"人为波动"的机会,在某几个时间段,大鳄知道你一定买,他就可以把股价拉得很高,而等你退休了,他知道你不得不抛,他就会把指数压得很低,廉价收割你的筹码。

"买与不买"是一种灵活性的选择,奥派讲究$dT>0$,选择越多越好。如果你"定期定投",就等于放弃了选择,放弃了灵活性,失去了战术的自由度。证券公司的大佬们,几乎每个人手里都有几千个客户签了"定期定投"协议,指定购买某只股票。这些人的账户和年龄在证券公司老总眼里都是透明的,既然他们闭着眼睛买入,而且只进不出,那我就把这只股票炒高好了,然后等到你退休时需要用钱了,不再买入,转为抛售,那我就让股价崩盘好了。

简单来说,任何一种东西,只要定投的人多了,它就会被炒成垃圾，包括指数基金。有些人会说，"股神"巴菲特还推荐定期定投呢，但你要知道，巴菲特的言论是基于过去30年美国股市的大涨，现在形势已经变了，如果他还敢那么买并且能赚钱，才能算是高手。况且，定期定投在证券界也一直是质疑不断的。如果你选择另一种简单的操作，比如恒生指数高于19倍PE抛售，低于14倍PE买入，坚持30年，效果一定比定期定投更好。

定期定投的死穴

前边那篇文章"合伙做生意万万搞不得"发表后，引来一片骂声，其中有个做股票的人还拿莘庄的房子与A股股市类比，还争论什么PB、PE、PEG[①]，那是真没看懂我在"水库"的解惑啊！

房子和股票的根本差异在哪里？股票需要提折旧本金！

因为公司是会破产的，无论你是提7.5年中小企业破产速度，还是提15年上市公司的平均速度，股份终究是要提"折旧"的。有统计显示，美国的500强企业，平均寿命是40~42年。这意味着，一个风华正茂的年轻人，25岁硕士毕业加入公司，勤勤恳恳，科长、次长、部长这么一路熬到正职，60岁准备拿退休金了，公司也破产了。有破产存在，企业就至少提−7%/年的折旧，加上风险、回报，股息率差不多就要10%了。而地产是不需要提折旧的，即使提也是非常缓慢的。考虑到"拆迁"等因素，其残值甚至超过100%，所以楼市只要2%~3%的租金，就比你10%分红的股票还要强。

只要股票还提折旧，股市就永远也跑不赢楼市。在美国，不乏有人定期定额投资通用股份的。从20世纪50年代开始，每一分钱的工资都买

---

① PEG：市盈率增长系数，市盈率与增长率之比，结合未来成长性来评估公司利润，弥补市盈率指标无法反映公司未来成长性的缺点。——编者注

入大蓝筹，每一次的分红，都转成股票，直接滚动再买入。在香港，大把大把人定期定额认购汇丰（HSBC）。从60年代的上市价5元，一直买到今天，整整50年了，也不过63元。什么"大蓝筹的投资价值"，真是令人担忧。

定投真正的忧虑，难道不是你投资了一辈子，临到退休，却遭遇公司破产、直接退市吗？前面提到的定投比特币就更不靠谱了，因为它没分红，属于纯投机产品。

期货可以锁死价格吗

// 期货是拿来锁的，不是拿来炒的 //

💰 穿越

有个读者给我发消息提问："欧大，你说过劳动力以及牛肉面价格上涨的速度约等于通胀率，那为什么不能用鸡蛋期货来间接锁定劳动力价格？"

我脑袋上冒出来三个问号。

是谁告诉你期货可以锁定价格的？实际的经济世界比模型统计要复杂得多。本篇我们就讲一下这个内容。

我们先来设想一个场景。假设你从2018年穿越到了1998年。像所有人梦寐以求的那样，你保留了之前的记忆：你知道2000年美国会兴起科网股泡沫，也知道泡沫会在2001年破灭；你知道中国A股会有两个巅峰，即6124点和5178点；你知道马云、马化腾、张一鸣、李彦宏的发家经历；你甚至知道京沪深的房价会在未来18年内上涨18倍……

我们甚至还可以再给你开挂一下，虚构一个"房价指数交易所"，以上海内环线房价为锚，2000年时价格是3000点，到了2018年，大概涨到了60 000点。

你可以像投资股指期货一样，投资房价期货，包括上20倍杠杆，搞各种涡轮对冲基金。我们有且仅有一个要求，能访问这个"房指期货"的人，仅限于和你一样从2018年穿越回来的人。请问，你能靠这个期货赚很多钱，成为亿万富翁吗？

期货

我相信99%的人，包括国内那些不靠谱的教授、大师、金融专家，在遇到这个问题时，都会毫不犹豫地一拍大腿："能够预知未来的期货走势，岂不是稳赚不赔？"但真的能稳赚不赔吗？大家都是平等的对手，你赚谁的钱？

在这个期货市场中，如果所有玩家全是"穿越者"，那么根据数学中最基本的对称性，所有人的最终回报应该是一样的。而期货是个零和市场，0除以N还是零，你赚谁的钱呢？

那么，在这个逻辑里，到底哪个环节出了差错呢？我们来模拟一下实际的博弈过程。比如，2000年的房价指数是3000点，然后，2009年行情开始启动，房价暴涨，你小算盘一打，决定买2009年的收盘指数。

"来，入货500手。""好嘞，每手35 000元。"

你大吃一惊："为什么是35 000元，难道不该是3000元吗？期货和现货的价格，不是相差无几吗？"

是谁告诉你期货和现货的价格相差无几的？是谁告诉你贴水只能有几个点，最多百分之几的？不好意思，承惠35 000元，进货价期货比现货贵10倍，如果哪天涨到35 001元，你才能赚钱。

基础概念

期货其实是一个二维数据表，每毫秒报价一次，同一商品名下有几百个200912F，200909F，201806F……理工科的人极为严谨，A就是A，B就是B，差一个字都不行。在正本清源的期货理论面前，2009年12月31日的交割价格应该称为200912F，也只有在2009年12月31日晚上交割的价格才称为200912F。时间不同，就是不同，你在2000年交易的就只能称为200001F，而不是200912F。

200912F、200909F、200906F、200903F和200001F，这是五种完全不同的商品。你穿越回2000年，然后和朋友侃侃而谈："不要看现在复兴佳苑3000元/平方米，到2009年就可以涨到35 000元/平方米。"这句话的数学表述，其实是你认为200912F=35 000元，绝对200001F=35 000元，差一个字都不行。

我们再来看下面的图3-1，假设所有的人都穿越回了2000年，大家打明牌，则每个人手里都有这张图表，都知道2009年12月31日的收盘价是35 000元/平方米。这时你如果想要交易200912F，则每个人的报价都是35 000元。既然每个和你对赌的人都报35 000元，你还能赚钱吗？同样的道理，如果你想要博2005年的房价，则每个人都会报20 000元/平方米，你想博2018年的房价，每一个人都会喊价60 000元/平方米，每

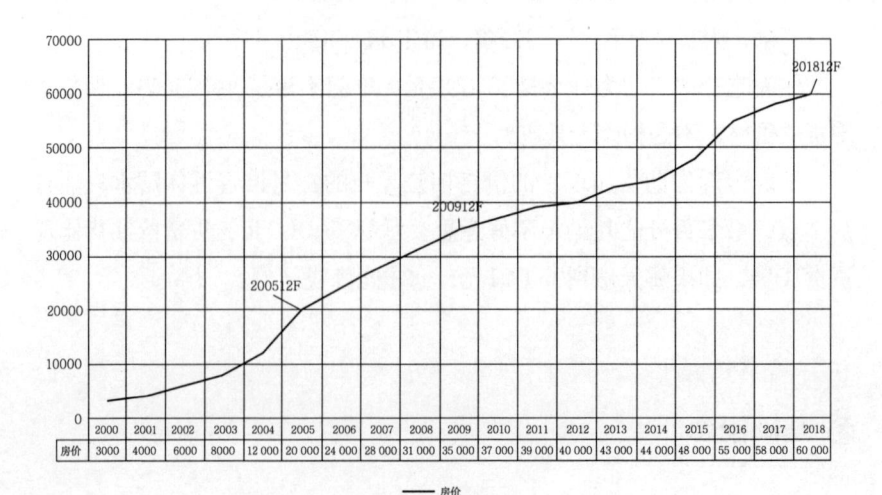

年份	2000	2001	2002	2003	2004	2005	2006	2007	2008	2009	2010	2011	2012	2013	2014	2015	2016	2017	2018
房价	3000	4000	6000	8000	12 000	20 000	24 000	28 000	31 000	35 000	37 000	39 000	40 000	43 000	44 000	48 000	55 000	58 000	60 000

—— 房价

图3-1　楼价指数

一期都会有"升水"抵消你所有的涨幅。每个人都是绝对聪明的，当所有人都知道对方底牌的时候，你从期货市场中一分钱都赚不到。

跨期套利

很多人心里会犯嘀咕："咦，不应该是这样的呀，我既然知道了波澜壮阔的大行情，怎么会赚不到钱呢，总是应该有钱赚的。"对，你可以赚钱。当期货市场远远高于现货市场的时候，你其实赚的是囤货的钱，而且这是唯一的赚钱方法。

天底下的商品，大致分为两种。第一种是库存成本很小，接近于零的，比如黄金、螺纹钢等。它们的期货价格不可能无限上涨，明年价格<今年价格+一年库存，所以，当期货的价格高于现货很多时，你就可以简单地囤积仓库，抛空远期。第二种的商品库存成本很高，甚至完全不可能囤积，因为它们会迅速腐烂。典型的有鲜花、水果、机票、钟点工阿姨的工资……这种东西的期货价格是可以远远抛离现货的。9月、10月、11月，每个月都可以是独立的价格，就像每个月的大闸蟹价格都相差甚远，就像你绞尽脑汁也没有办法囤积钟点工阿姨的小时券。

地产这一行，最早的时候，房子是第一种商品：耐用、消耗慢、折旧慢。可随着一轮又一轮的政策调整，目前，房子也渐渐偏向了第二种商品——限购、限贷、限售、限价，即使你知道了波澜壮阔的大行情即将来临，但由于无法囤积库存，也无法赚钱。

假设一个人穿越回2010年，当时上海的房价大约36 000元/平方米，大约是现在的六成，还有获利空间。但这个人，哪怕知道全部走势，他也没办法赚钱了。因为2010年上海已经开始限购，这个人如果实物建仓，是买不了几套的。如果你玩期货，问开发商能不能拿2016年的房子，就算开发商直接报80 000元/平方米的未来价，你也赚不到钱。微博上那群键盘侠、嘴炮党，动不动就说"早知道走势，我也赚几百倍"，大哥，我们专业人士建仓2N都跪银行跪得口吐鲜血好不好。只有没实战过的人，才以为世事容易啊。

敲敲键盘做期货，你是赚不了钱的。首先，你需要一个仓库，有了仓库，多一道手牌套利。在这个世界上，如果你学习奥派经济学，你可以很有把握地预测许多东西的价格。某些东西的价格走势是如此确定无疑：未来10年，每年都涨，大牛市即将来临。比如钟点工阿姨、月嫂、家庭教师和健身瑜伽教练的工资等。2018年，在北京请一个住家阿姨，费用大概是5500~6000元/月，我们毫不怀疑，到了2028年，这个价格至少会涨到10 000元/月以上。

但是，"知道未来期货的价格"和"赚钱"之间，其实还有无限遥远的距离。因为不会有人和你对赌2028年住家阿姨的月工资，即使有阿姨愿意和你签发"2028年见券劳动一个月"，其售价也不可能是5500元，我们几乎找不到任何方法在今天"存储"下住家阿姨的劳动。所以，我们只能眼睁睁看着波澜壮阔的大行情的到来，眼睁睁地看着这个价格翻几倍，却丝毫赚不到钱。

在现实中，我们只要能找到少数几个可以"囤积未来"的坑，就能发大财。有网友问："为了多生一个娃，牺牲几年职场，牺牲几年的收入，值得吗？"我的回答一律是"值得"。因为"娃本位"的本质是"储存劳动力"，等你孩子踏入社会，他的起薪会有几十万元/月，甚至很快就会破百万元，这恐怕是我能找到的少数几个可以"囤积未来"的办法。

期货保值的是什么

期货，并不能帮你锁死价格。

今天喝一大杯星巴克32元，你无论如何也不能指望20年后还是32元。无论用什么期货手段，都不可能锁定价格。期货真正能锁定的，是价格的波动。在"手把手教你做次贷"系列文章中，我们说到了波动对工业化国家生产的破坏。尤其是现代工业，竞争加剧，许多制造业企业利润微薄，净利润可能不足10%。

价格有波动，利润：-4%，20%，-4%，20%；

价格无波动，利润：8%，8%，8%，8%。

我不奢求赚20%，这样反而会吸引过来更多的竞争者。工厂最怕的是-4%。在利润如此微薄的情况下，再有轻微波动，直接就亏损到发不出工资了。因此，现代企业会用期货来锁死价格的波动，让远期原材料的价格保持稳定，专业术语称为"套期保值"。因为生产计划可以保持恒定，所以可以安排更紧密的产量，提高生产力。企业一张10亿元的"套期保值"，最终拉动的生产力可能仅仅只有100万元，但这100万元，却是实打实的GDP国力增加。

期货是拿来锁的，不是拿来炒的。

为什么我精通理财,却仍过不好一生

// 利息型收入是伪科学 //

💰 **致富**

前两天,我听了一个研讨会,会议的重点是主推"××理财课",该理财课的宣传词是这么写的:

只需25天,你就能通过这个课程完成从零起步的理财实操;
只要10元钱,就能买入股神巴菲特推荐给所有普通人的指数基金;
越早开始理财,我们赚到的钱就越多……

这样一堂标准的理财学堂课,定价99元/18节。

笔者揉了揉发烫的脑壳,再看看定价,脑海里蹦出了两个字:"坑爹。"我的分答社群售价是699元,2018年的水库"知识星球"续费更是高达5500元/年,和这个理财课程相比,价格简直贵到离谱。要注意,我的知识卖得更贵,并不是我讲得更深刻,只是因为我讲的都是对的,而卖得便宜的知识,呵呵,全错!

一个错误的指导甚至比无知更有害,选错行动的方向远远比损失99元更有害。消费者之所以肯花5500元/年购买知识,不是因为我讲得深,讲得透，而是因为他们根本承受不起错误。"知识付费"这类商品和付费下载音乐不一样，几元钱下载一首歌听，觉得难听可以删掉，但99元买套理财课程，指导的却是你几百万的投资，甚至是一辈子的理财和人生规划，稍有差池，就是百死莫赎了。

理财

我为什么说这些理财课程的内容是错误的呢？为什么你精通理财，却仍过不好一生？就其本质来看，理财就是一场骗局。真正高端的知识付费服务，告诉你的第一句话应该是："不要理财，理财是骗人的。"为什么这么说呢？因为你看看现在的理财宣传词："10元为你理财""为你省尽每一分钱""日日生息"……你有没有想过，假如你投10元，按照4%的利息，理财一年能赚多少？答案是0.4元。

问题再进一步，假如你有1000元，还是按照4%的回报率，理财一年赚了多少？答案是40元——你今天晚餐别吃了，少吃一碗拉面，饿着肚子回家，你就把一年的财全理了，顺带还省了二两脂肪。再进一步，假设你有10万元，你兢兢业业地理财，耐心地优化投资组合，一年赚到了6%的理想收益，理财帮你赚了多少钱呢？答案是100 000×6%=6000元，看起来有半部手机了。理财终于有了效果！

且慢，如果你不费这么多心思，简简单单地把钱扔在余额宝、银行理财产品里面，差不多也能获得4%的收益，也就是说，你的无风险收益，不会超过2%。绝大多数人折腾的理财，其收益率上浮都不会多赚2%，如果你拿10万元理财，收益不会超过2000元。

我的建议是：有那份闲心，今年就别换手机了，忍一忍省2000元。把理财的脑细胞节约起来，该睡懒觉就睡懒觉，该打呼噜就打呼噜。对一个白领而言，他真正有意义的理财，我觉得门槛是人民币500万元，500万元×2%=10万元。细心、谨慎地打理财富，一年多赚10万元，相对于四五十万元年收入的家庭，也算是一笔不小的钱。但是，白领们，有没有500万元资产给你理呢？显然，没有。

这就引出了第二个问题。

💰 真正的力量

绝大多数白领在理财大师的指导下，都会做一个表格，里面列出自己有多少债券、股票、存款、基金等，它们各自的Beta值是多少，波动多少……与其列一大堆无用的技术指标，还不如干脆计算一个决定性的数值——你一年的利息收入有多少？这份收入包括工薪性收入和财产性收入。而那些孜孜不倦购买理财课的小白领的财产性收入，绝不会超过2万元。这意味着在你的收入报表中，工薪性收入是20万~30万元数量级的，财产性收入是2万~3万元数量级的，你觉得有必要为一个差10倍的小量，倾注大量精力吗？

现实生活中的确有一些30岁左右的白领过得比较好，小夫妻两个人，从大学毕业时的一贫如洗，到结婚后房子、车子都有了，存款债务也不愁，仔细算一算怎么也有500万~600万元的身家了。但人不能只看表面，智者和庸人的区别就在于，愚者只会人云亦云，智者会看到根本。愚者看到这种情况会说："家财涨得好，全靠理财好。"智者则会说："你仔细算一算，这500万元里面，有多少收入是靠利息得来的？"

如果月月记账，并且把利息收入单列一栏，你会发现这500万~600万元财产的来源分为四部分：房子的增值、父母的馈赠、二人工薪积累、利息和理财（不到5%）。其中部分京沪土著主要靠1和2，而外地的奋斗青年则主要靠3。如果你是阿里巴巴、腾讯等大厂的码农，奋斗到30岁左右，年基本工资也有30多万元了。再加上妻子的工资，年薪总共在60万元左右。两个人省吃俭用，四五年时间攒200万元完全是可能的。所以在整个家庭财富中，大头还是靠工资，而不是靠吃利息。

最可怕的是，这个比例很有可能是恒定的。也就是说，你30岁左右，利息收入占你工薪的10%，到了你40岁左右，财产性收入还是占你工薪的10%。这与那些理财课程教你的"理财关键是复利，虽然最开始的时候不起眼，但是等有1000万元时，一年利息就是几十万元"似乎有些不同。

为什么？因为赚钱不能只看收入，还要看外部环境——M2的增长，也是按复利计算的。

一个人到了32岁以后，随着你的职位基本固定，你的工作权限也基本固定。除了极少数非常优秀的人可以在管理岗位一路上升，剩下的职员，32岁干什么活，或许48岁还在干同样的活。但我们的工资依然在增长：2010年时，月薪1万元能请一个不错的人才；2018年时，稍微能干点的人才，没有2万元，根本想也不用想；很多更优秀的人才动辄叫价4万~5万元，算上社保，一个极其优秀的人才的人力成本，一年甚至要花费100万元以上。如果你的劳动没有改变，则你的加薪，实质是M2带来的。

理财是靠复利的，但M2也是复利的。真的按照理财专家的意见，复利60年，攒1000万元，每年利息60万元。届时1000万元的购买力，或许和1000元利息60元差不多。如果白领做一个表格，就可以清晰地知道"过去10年，无论怎样理财，利息收入/工薪收入，比例都是很小的。"

一个理论，如果和现实相差太远，它就不可能使你致富。想想为什么这理财课程只卖99元吧，如果99元的方法真的灵验，它怎么可能只值99元？

真正有用的理财方法

我的建议是：初级的理财毫无必要，99元的理财课程毫无必要。

一个从22岁开始每个月尽最大努力优化自己的人，和一个从22岁开始吃光、用光、完全不进行任何理财的人相比，他们在30岁的净财富不会相差20%。人在年轻苦寒之时，费尽心机存20万元，是最最无谓的事。

相反地，你应该尽快地加快工薪收入，尤其是职场和创业的爬阶，你应该把每一分钱都花在自己身上，你自己才是最值得投资的。假如一件漂亮的衣服能增加你的求职机会，你就应该毫不犹豫地买下它；假如一次酒会能增加你晋升的机会，你就应该毫不犹豫地参加。你的人生，前景远大，未来是要赚35万~40万元一年的，不缺你现在省的这1000元。

人生真正的理财，应该从你赚满500万元开始。应该从你积累的财富已经远远超过工资，甚至超过了年薪十倍开始。那时候的高端理财，又是另一个话题了，但那时的方法，显然不是99元/18节这种低档货。

散户理财方法

// 扬长避短 //

💰 余额宝

笔者向来仇家多，无数人期盼着楼市崩盘，水库论坛大小V跳楼团灭。大约在2013年时，我和一个日本教授辩论，教授说"楼市马上就要崩盘了"，理由是要加息了。我目瞪口呆，朗朗乾坤，青天白日，你哪只眼睛看到要加息了？教授的回答是：余额宝上线了。

余额宝是一个神奇的金融工具，只要你把钱扔在里面，可以获得比活期高约10倍的收益，甚至比定存的回报率还要高（现在回报率有所下降）。该教授仅凭这一点，就判定银行以后将无法获得低成本的资金，而靠息差存活的银行，如果获取不到廉价的存款，就没办法发放廉价的贷款，因此，房贷利率就会猛涨，楼市崩盘，水库众人就会跳楼团灭。

读者朋友，给你三秒钟的时间，仔细想想，这位教授说的道理对不对？余额宝都要4%了，房贷必然不可能4.165%（基准85折），房贷加息，楼市崩盘，这是不是浑然天成的逻辑？

我们停一下。别忘了，笔者除了投资者的身份，还是一个经济学者，接受过长时间专业的经济学训练。我认为："余额宝将使得房贷降息。"蚂蚁金服揽储将极大地降低银行的资金成本，从而使银行有能力提供更便宜的贷款，进而推动楼价上涨。

余额宝能够降低资金成本，这与大众的判断是相反的，此话怎讲？

由于特殊的历史原因，在发展经济的时候，我们在很大程度上会重视制造业而轻视服务业。我们总觉得工厂是制造财富的，而对服务业中涉及的消耗视而不见。事实上，小额零售业务的成本是非常高昂的。汇丰银行每年亏10亿美元，亏得妈都不认识了，目的只是为了维护企业形象，打肿脸充胖子。几乎所有银行系统中的零售部活得都不太好。

2018年春晚有一个小品叫《为您服务》，里边演到一位女士到银行办业务，填表，排队，结果才取15元钱，为什么只取15元呢？因为买早点正好要15元。还有个老大爷，刚取完钱就又要存回去，因为他就想确认一下钱在不在。这样的节目，某种程度上是在误导大众，可能会带动一个不好的风气：让人以为银行的柜台服务是不要钱的。

而事实上呢，一个柜员一天只能办30笔左右的业务。三个窗口全开，一天也只能办100笔业务，一个月就是3000笔。一家银行的运营，又需要多少费用呢？银行基本都在市区黄金地段租用最昂贵的店面，面积又特别大，很多银行门店每个月房租就要20万元。再算上十来个人的人工成本，还有免费的空调、茶水……这些排场下来，一个月的固定成本，50万元是无论如何也打不住的。

这样算下来，银行处理一笔柜面交易的成本高达150元。如果你的业务仅仅是存15元，或存100元再取100元，那银行干脆把这笔钱送给你好了，直接送给你的成本更低。

很多人以为自己的钱和雄厚资本的钱一样值钱，然而并不是。光是资金的集散和分发就很贵，就是一笔巨大的成本，教科书没有教这一点，但真正有些智商的人都懂。无论是把中央仓库堆积如山的物资分发送给山区的一个个贫困家庭，还是把千千万万户农民手中的粮食集中到中央仓库，这两件事都很费钱，甚至比运输的物资本身还贵。有这么一个例子，香港的慈善组织曾号召居民把闲置不用的衣物捐献出来，免费送给贫困山区的群众。等这些衣服"集散—消毒—运输—分发"的流程走完，最终发到贫困群众手里的时候，每件衣服的成本已经超过了50元，比直接去网上买还贵了。

理财也是一样的道理。一个投资项目，不到万不得已，是万不肯找散户投资的。不仅找散户需要巨大的成本（他们散布在如毛细血管般的银行门店里），和散户沟通、说服散户的人力成本更是高得吓死人。一个老太太，哆哆嗦嗦，详细咨询了你半小时，最终掏出200元购买信托产品，这怎么赚得回来？你一个小时的人工就要200元了。

余额宝的设计者是一个天才。他想出了一种巧妙的方法，用非常低廉的成本，聚沙成塔，最终凝聚出了1.5万亿元的庞然大物。几乎所有的银行都乐意和余额宝合作，他们只要简单地二传获取资金，就可以极大地降低银行柜台的操作成本。

2016年，工商银行差不多关掉了300家店面，裁撤了14 000个柜台人员；农行裁了约10 000人，建行裁30 000人……这些变化的背后，都是因为余额宝极大降低了银行系统的成本。

散户的钱和富人的钱是不平等的，更大的资金理应获得更高的回报。

人力

单纯的钱生钱，一定是大资金更快。同样的100万元投资，银行只要谈一次，而和只能付出1000元的小投资者谈，却需要谈1000次。这其中省下的沟通成本，就变成了大额回报。但是，总体的理财回报，却一定是散户更高，贫富分化一定是不断拉低的。这又是为什么呢？

现在市面上几乎所有的理财课程都已误入歧途，按照他们的理念去操作是断然不可能致富的。随便打开网络上一套付费的理财学堂，你就会发现它们的理论大同小异，核心部分永远都是60%股票+40%债券，这套理论都来自同一个祖师爷——西方的"理财基础通论"。粉丝都是跟随这些理财博主十几年的，却反复遭受踩躏，越理财越穷。这样反复收割粉丝，理财博主良心不痛吗？

理财顾问研究的是"买这只股票"还是"买那只股票"，从配置的角度研究的是"买股票"还是"买债券"，但这是不对的，这是一个错误的战场。无论是定存、债券，还是股票、基金，这些证券类的投资标的可以统称为"大众投资市场"。在大众投资市场里厮杀，散户一定都是输的，一定以失败告终。在大众投资市场，大资金一定是大于散户的，散户收获的，注定是微不足道的回报，坚持再长时间也不会致富，相反，贫富差距会越拉越大。

那么，散户要如何做才能获得高额回报呢？答案很简单——要涉足"非标市场"。"非标市场"指的是一些边缘化的、边角料的、市场总容量有限的市场，但是投资的回报率却非常高。举个例子，我以前雇过一个钟点工阿姨，她省吃俭用买了一个体重秤，高达2米，站上去可以称体重和身高，还会吐一张小卡片出来告诉你BMI指数（身体质量指数）。这样的体重秤一个只需要200元，她每天晚上都去城隍庙摆摊，称一次2元，一个晚上就能有十几元的收入，平均每个月被市场巡查没收一个，但即使这样，投资回报率也是非常高的。

再比如，在上海有一个特殊群体，以男性为主，省吃俭用只为买一辆30万元左右的奥迪，不是为了炫耀，而是为了给外企高管当司机。司机自己带车来的话，每个月的工资+汽车租金+汽油+停车费，零零碎碎的钱加起来在2万元左右，刨去人力成本，大概两年就可以回本。实在不行，还能跑跑滴滴。要想更快地赚钱也行，买个东风大货车跑运输，一年就能回本。

我们仔细观察这些行业，会发现其投资回报率都是超过100%的，这些行业的特征也很简单："人+资金"的结合。任何一个项目都是小而散的，充分发掘人的特长，需要极大的人力配合才能赚钱。而企业化、社会化的数百亿规模的大资金是没法进入这些"边角料"市场的，既缺乏足够的信息，也没有这样的灵活度。一个真正优质的理财顾问，不应该推荐客户去买"指数基金+债券",这种投资永远是99元的低阶组合。真正好的理财顾问,应该因人而异,因地制宜,帮客户摸索出一条"人+资本"的路线。

最后,不要问我应该怎样投资,我什么都不懂。我只知道,在每一个阶段该如何买房子。

一个典型的失败理财方案

// 普通人永远都不会"操作得当" //

💰 债券

前段时间我刷微博,看到一位大V的微博问答。

前几天我贴过的一个"富裕家庭资产配置方案"非常适合你们这样的家庭。复盘过去几年,2013年开始利率下行,应该买交易所企业债、地方债,2014年三季度正式降息后,应该买股(指数挂钩的ETF或者自建投资组合,不建议压在个股上),2015年买房,2016年买美股(买QDII[①],不建议买个股)。如果千万级的资金操作得当,2013年至今应该已经翻倍了。2017年确实投资机会少,但如果放眼五年内,还是会有机会的。因为没有人能预知未来,所以提前布局,做好资产配置、调整是非常重要的。一个资产组合,配置得好,每五年都有翻倍的机会

[①] QDII:是英文Qualified Domestic Institutional Investors的缩写,即合格境内机构投资者,是指在资本市场未开放条件下,在一国境内设立,经该国有关部门批准,有控制地允许境内机构投资境外资本市场的股票、债券等有价证券的一项制度安排。——编者注

（2017年起的未来五年也是如此），配置一般也许要七年，不好也许十年，甚至更久才能翻倍。盲目追求高收益，业余水平去搏专业选手都做不到的持续高收益，基本死路一条。

耐着性子看完，觉得这是一个非常典型的失败理财案例，值得我们逐句分析。

首先我们看这一句：2013年开始利率下行，应该买交易所企业债、地方债。这句话的特点是：每一个字都是错误的。

这是典型的传统理财顾问的套路，在这类理财顾问的思维里，理财组合最好永远别问，问就是60%股票+40%债券。而出于安全起见，传统理财顾问的第一个选择往往都是债券。为什么？因为在一个理财资产包中，债券起的是基石的作用。中国所有的交易所债券、地方债，甚至企业债，虽然名字不同，但大家都心知肚明——所有债券默认是有"保底"的，都是刚性兑付——无论如何，100%本金总是可以拿回来的，国债的话，100%本金+利息，也肯定可以拿到。

在一个投资组合中加入债券是非常明智的做法，只要客户拿出40%的资金买债券，再加上三四年的利息，基本上就能搞定50%了；然后拿剩余的钱买股票，虽然有可能会亏损，但也不见得亏到一塌糊涂。这些因素加起来，至少70%~80%的本金是保住了，这样客户也不会去找理财顾问的麻烦。这是一种非常有趣的行业骗术。

但债券也有很明显的缺点，最明显的一点就是回报率非常低。在一般情况下，它的回报率和"三年期定存"的差距不会超过0.25%~0.5%。设想一下，你付了88元，咨询一个"大师"：怎样理财才可以让自己和家人的财富获得保值增值？"大师"指点了一个"保本+稳健"的方法：让你把90%的资金存定存，本金在银行里滚利息，放若干年一定会超过100%；剩下的10%，拿出来做各种投资。坊间有这样的段子：

A：我设计了一个保本、稳定、收益率上不封顶的基金组合。

B：还有这么牛的策略？是什么？

A：拿20 000元存定期，然后每天买一注双色球。

B：……

只要是"交易所债券"，其回报率注定非常低，一般在4.5%左右。当然你也可以博一点差价，例如在利率下行阶段，债券价格会上升一点。传统的理财经理推介理财方案的时候，精美的PPT拿出来，往往会用三分之一的篇幅讲"世界宏观大势"——"您看啊，快降息了，这就是财路，咱们是不是赶快屯一点债券放着？"听起来是不是很高大上？

传统理财顾问没告诉你的是，"降息"对债券的确是利好，但是这种利好，在最强的时候也不会超过0.2%。简单算一下，0.2%的差额，每一万元差20元，每100万元差2000元。请问现在理财的高级白领们，拿几十几百万元理财的中产阶级们，您听理财顾问说了四个小时，您这四小时还不值2000元吗？债券价格买卖差价，本质上属于零和博弈，哪怕你猜中了走势，差价也不会超过0.2%。因此债券这一块，你的预期回报就是4.5%+0.2%=4.7%/年，这是一个非常低的回报率，低得你都不好意思见人。

房产

真正让这个大V原形毕露的是这句话：2015年买房。这句话用浅一点的话来批判，叫不接地气；用狠一点的话来批判，叫诈骗。

到了这一节，终于说到了笔者的独家绝学（兴奋地搓手）。买什么样的房？买哪里的房？如何买房？关于买房的"十万个为什么"，这个理财大V一句话都没分析。中国绝大多数"性质优良"的大城市，北京、上海、深圳、广州、南京、杭州、武汉、成都，统统限购。买房一次，要交3%的契税+杂费；卖房一次，要交5.55%的营业税+2%的个人所得税+1%的中介费（不懂行的消费者会被中介狠宰一刀，大约2%以上)+部分地区执行的房产税;部分城市,分为二年/五年/八年限售。而且,还没有涉及"房贷"呢……杂七杂八讲下来,亲,你建议粉丝怎么买房?

这还仅仅是"表象"的错误,真正的"本质"错误隐藏得更深。一般人不容易察觉,普通读者也挖不出来:你说的买房,用的是哪一块资金买房?按照该大V的意思,他似乎是想说:2013年买债券→2014年把债券全部都抛了,统统进入股市,完美掐算好时间,底部进入,顶部抛出→2015年,把所有的股票统统抛了,买入房产→2016年,把房子全抛了,买入美股。

这种计算方法是彻头彻尾的耍流氓——2013—2016年的每一年,他都能抓到"表现最好"的市场,而且每一年都是全资金投入。这样的算法,逻辑上是相互冲突的。债券的真正牛市是2014年1月至2016年10月,2013年只是小浪花,你赚不到大钱的;2014年是股市和债市"双飞",但这时,你的资金只有一笔,你把"股市收益率+债市收益率"二者相加,这是纯诈骗的算法。同样的道理,就不吐槽你无缝连接股市行情了,债券买卖,也当你没有0.1%的手续费。接下来是重头戏:2015年你买入房产,你打算怎么买?就算上边的证券类你可以全资金投入,但房产你如何100%完成置换?绝大多数"优质"核心城市的房产都是限购的,有钱都不能买;而且买了以后,还涉及各项税费,税费与收益相抵消,两年内的短线投资都是无法收回成本的,更别说还有大量城市限售了。

"美林时钟"投资理论的四大象限是骗小孩子的,哪怕在华尔街,也只是鉴别"半瓶子醋"的基础方法,根本没有实战价值。谁要是张口闭口股债切换,不是骗子就是菜鸟。别的不说,你抛售100亿美元债券,然后换成股票,却没有具体的实体经济理由,SEC马上就来调查你了。

好了,我们换一种说法,不说完美全资金投入的"接力赛",我们改说"配置":

2013年的现金流收入，尽量多配置债券；

2014年的现金流收入，尽量多配置股票；

2015年的现金流收入，尽量多配置房子，囤积至今；

2016年的现金流收入，尽量多配置美股。

听起来很美妙是不是？我已经给你宽限了，不做绝对不可行的全资金投入玩法。可按这种说法，也还是在吹牛皮：因为按照"配置"的思路，你就无法穿越牛熊市。股市在2015年冲高回落，你要讲"配置"的话，2016年马上就会吐一半涨幅。债市同理，2014年是涨得很好，但是2017年就回吐了——博差价本身就是零和游戏，最终还会被打回到4.5%息票利率。如果你改成"配置"的思路，回报会非常平庸。

这就直接引出了我们第五句话。

💰 回报

这个大V整篇回答中的"精华"就是这句：如果千万级的资金操作得当，2013年至今应该已经翻倍了。

我看到这句话，默默看了一下债券的回报率和A股的回报率，又看了一下美股的回报率（房产不用看），愈发觉得可笑。

美股在整个2014—2016年中，几乎每一年都没有涨，如果你是按照"配置"的方法，放四分之一的资金在美股上，那可以说是损手烂脚，毫无回报。你只有"截取"美股表现最好的2018年，才差不多有20%+的涨幅，而摊薄到四年里，平均每年回报仅5%+，A股差不多也是这样的数量级。无论你是投资债券，还是A股、美股，回报都非常差，四五年下来，大盘回报30%+都没有。可是这个牛哄哄的理财顾问，买一点债券，买一点A股，买一点美股，大杂烩加起来，就敢胡吹"早应该翻倍了"——三瓶浓度33%的稀硫酸，你能兑换出一瓶浓度99%的浓硫酸？简直是搞笑。

传统理财顾问最令人讨厌的地方就是张口就来，没发生的事情也能说出五六朵花儿来。前面说2015年换筹买入房产，是你不懂房产。外行在陌生的领域，一撒谎就会露出无数马脚。而"每五年都有翻倍的机会"这句话，则是心存歹意，是居心不良的蓄意误导，恶劣程度可与微商相比，总说三个月就能发大财。传统理财顾问在客户那边吹的牛，永远都是四五年翻倍，这几乎已经形成套路了——前途永远是光明的，只要你遵循证券投资理论，并且支付佣金管理费。但是道路是曲折的，因为翻倍的前提是操作得当，而客户是永远永远不会"操作得当"的。

三个只涨了30%+的市场，要吹得操作起来轻松100%+，每条鱼你都从鱼头吃到鱼尾，怎么可能"操作得当"？如此大幅超赢市场，巴菲特都不敢这么承诺，你还不如去买彩票。当客户跟着你老老实实做了几年，抬头看，只有5%~6%回报年化，积累十年都没有翻番，而你对他们的解释，仅仅是轻飘飘的一句"操作不得当"。

传统理财顾问，我不是说你弱，我是说你不积德啊。

中产就是接盘侠

// 中产转身慢 //

💰 怪圈

在我们这个世界，其实一直存在着一个怪圈，中产阶级在努力模仿着上流社会的一切，从衣着饮食，到兴趣爱好，而上流社会则努力在摆脱模仿，你追一步，我就逃一步。不知有没有人注意过扑克牌中的大小王，穿着法国贵族的代表性船鞋，贵族穿船鞋的原因就是绝不会有农夫穿它。

现代工业社会，生产力极度发达，这就导致普通的消费品，甚至弹钢琴、骑马、登山等昂贵的嗜好，都不再有消费门槛，白领咬咬牙，一样也能省出钱来学，LV包包，公司前台人手一个。为了摆脱中产的追赶，潮流变更的速度在加快，从法国太阳王时期的一代人一变，到现在的一年半载一变。

当然，中产和富人还是存在差距的，无论是眼界、毅力、人脉，还是可以调用的资源、信息网络、智慧，富人都呈全面碾压的态势，所以并不是"追逐—逃避"游戏这么简单。

知其然

　　精英更了解社会运行的规律，中产则只能模仿其皮相。整体来看，在知识点、生命长度方面，精英要比中产强一些，主要在于精英"知其然，也知其所以然"，而中产是"知其然，不知其所以然"。精英了解一件事，是知道它的来龙去脉，知道它的前置后置条件，知道它的应用场合。

　　譬如说法式大餐。大家都知道，法式大餐享誉海外。法国菜之所以获得"法式大餐"的美誉，是因为法国是西欧最早完成工业化和城市化的国家。当时的伦敦还是雾都呢，英国工人还在煤矿中刨食呢，他们每周工作7天，只能吃炒豆子、拌鱼骨屑。而此时的法国早已进化出了宫廷、贵族社会和无止境的假发舞会。

　　然而，到了400年后的今天，法国菜的地位早已不复从前。吃过米其林的人都知道，味道委实不怎么样。到了21世纪，你还以蔚蓝海岸、法餐、高脂肪高奶油为荣，是很低端的。近年来，以澳大利亚、南非、美国为首的新世界葡萄酒攻城略地，法国、意大利的旧世界葡萄酒则被揍得一败涂地——大家都是蒸馏产品，有什么难学的？澳大利亚阳光更充沛，地广人稀，种个葡萄，再酿酒，没什么难的。

　　再譬如说，法语。你翻出19世纪的国际文献，几乎所有的外交协议都是用法语签的。我上学时，历史老师讲到此节时，他的解释是："法语是非常精确的语言，用于国际文书可以减少歧义。"胡说，你看看21世纪的联合国档案，几乎所有的重大外交合同都是用"粗鲁"的英语签的。英语取代法语，其背后的实质是美国确立了世界霸主的地位，外加法语国家相对实力的下降。

　　有位朋友的小孩读上海外国语大学，法、德、日、俄四大语种要选修一门。传统意义上，欧美学生的第二外语都首选法语。但我建议别选法语了，您修德语吧。未来30年，欧盟的主导者肯定是德国，德国处于上升轨；法国人天天折腾，不事生产，处于下降轨。而中国精通德语的人又特别少，至少交流的频次和内容远远低于中法交流。未来如果中德之间的贸易关系、技术进口加强了，你再考个德国的律师证，那在国内你就是绝对稀缺的资源。

我讲这么多例子，就是为了说明：富人知其然也知其所以然，可以看到历史变化，抓住机会；而平庸的中产阶级，只会继续吃法餐。

出国留学

中国的大多数三线城市家庭，现在依然把出国深造当成一条光明的前途。中产阶级家庭孩子的典型规划如下：买学区房→学钢琴、小提琴、芭蕾→读本科、硕士、博士→在其中某个阶段出国深造→进大公司做白领、以工薪收入为荣→买世界名牌武装自己→大爱无疆，不生孩子。

可惜的是，这一切的模仿行为，每一个都是坑。

一架钢琴，至少有几千个零件，在19世纪是一件超级昂贵的东西，同时也是富家小姐的象征。可是到了21世纪，钢琴已经是中产阶级都能负担的小资物件，钢琴弹得好有什么价值？你想在火锅店门口伴奏吗？同样的道理，1977年恢复高考的时候，大学生由于稀少，毕业了直接就是国家预备干部。在匮乏年代，大学生每月可以领到免费的米和油，且很容易被提拔。1999年大学扩招之后，大学生就不值钱了，如今的硕士、博士更是多如牛毛，你一心一意想让孩子提高学历，其实是一个无底深坑。

就如同玩游戏一样，你在"新手村"的经验全都基于父母一辈。一个人从懵懂到20岁，是没有时间刷"经验包"的，你的所有谋生技能、世界观、路径依赖……都习自你的父母。而你父母在小地方的国企、事业单位端了一辈子铁饭碗，其实是坐井观天而不自知。

作为一名中产阶级，你确实可以窥见上流社会的生活方式，却始终不明白上流社会是怎样运转的。根据你父母的观察，当年的国企领导都是大学生；根据你父母的观察，贵族小姐都是弹钢琴的；根据你父母的观察，外国人都靠炒股票发财……中产阶级只擅长模仿，却不了解事物的本质，他们的技能点数仅止于此。

接盘侠

好了，若文章只写到这里，那还仅仅是对中产阶级的吐槽，只是精英对底层的鄙视感。而我接下来想说的是，在某些场景下，中产成了自然而然的接盘侠。

举个例子：已经完全崩溃的邮币卡市场。邮币卡不仅成交量稀少，在主流媒体上也不见踪影，听不到任何声音。按照水库论坛专业术语的说法，叫作"IP已经过时"。不管猴票曾经一张是卖100元、500元还是1000元……现在已经不是价格的问题，是根本出不了货。除非几个庄家对倒，否则整版整版的猴票根本没人买，谁会花100万元买你一些纸片？但如果你把时针往回拨10年、15年，在散货阶段，的确是有大量中产阶级接盘侠的。有的中年眼镜男、工厂里的师傅，给孩子留下两铁饭盒邮票，那都是省吃俭用攒下来的。同样的例子，还有红木、茅台、鼻烟壶、蜜蜡，甚至钻石……

当一个时代改变时，中产阶级并未做出改变，他们依然拙劣地模仿着旧贵族的生活，自然而然就成了接盘侠。当他们终于买得起贵族用的"身份品"时，他们就成了接盘侠。贵族们已经撤了，把土地田契留给了你。三星的市值第一次超过索尼时，你不应该说"三星是什么东西，索尼帝国如日中天时，他还是个棒子"。中产阶级的惯性使你延续了昔日的尊卑秩序，并接盘了索尼的股票。可今天三星的市值，已超过索尼好几倍。和田玉价格崩盘时，你千万不要说"哇，以前那可是贵族用品呢"，然后冲进市场用几万元买块玉，现在就成了接盘侠。

💰 老鹰捉小鸡

当我们研究透整个投资游戏的收割规律时，就会发现它有点像我们小时候玩的老鹰捉小鸡的游戏，游戏的关键就在于甩尾。你先向左边跑，形成一个@圈，再猛地向右边跑，@尾巴后几个小朋友来不及转头，于是就被抓住。而在投资游戏中，中产学富人，富人投资什么，中产就投资什么，赚钱的秘诀就是"猛转身"。

时代变了，红木一文不值了，钻石一文不值了，迈克尔·乔丹的签名一文不值了。当精英阶层抛弃某一类品位时，中产阶级如果有严重的模仿惯性，来不及变轨，就会猝不及防地成了接盘侠。"这块和田玉，以前卖30万元的，我特价8万元就买到了""哎呀，Coach打对折，赶快去抢呀""哎呀，天津户口，高考不要太划算哟""茅台是好酒，以后可以传一辈子的"……

惯性和模仿，使得中产阶级是理想的"对手盘"和接盘侠。

怎样判断最后一棒

// 大业主才会维护IP //

💰 攻守

先看一个股市段子:"我还真不明白了,为啥我炒股,一抛就涨,一买就跌。那么多股市大鳄、国际基金,你们盯着我手里三五万元干什么呀?"

富人掌握潮流,中产只会模仿。潮流急剧变化时,中产由于强大的模仿惯性,来不及转向,成为理想的最后一棒,形成了接盘现象,这是上一篇文章的核心。在本书出版之前,我把书稿给很多朋友阅读,朋友们纷纷反映,说我就像是说评书的单田芳,话说一半留了"扣子"——只说出了现象,却不给解决方案。

按照顺序,这篇内容应该是写"怎样避免成为接盘侠",会教你一些消费方法,避开商家的营销陷阱、高溢价坑。可你以为我会这样写吗?送你传统的水库四字套餐:以上全错!

这样写就Low了。教你省钱,终究是一种"守",哪怕你吝啬到一分钱也不花,绝不让商家赚任何便宜,浑身淘宝货,不进行任何挥霍,那也是一种守势。防守一辈子,有什么意思?这样朴素的人生,活着又有什么意义?

当意识到接盘侠的存在时，我脑海中闪出的第一个念头是怎样赚他们的钱，是怎样利用接盘效应赚取利润。换言之，想要避免接盘，一定要攻。最好的防守就是进攻，只有想办法赚钱，才能避免接盘。

品牌

为了能让大家了解这套逻辑，我先举个例子。我是市场营销出身，曾在市场部任品牌经理，负责整个品牌的开发、维护、退出。对品牌来说，无论你多大牌，每年都需要花钱做广告，酒再香也怕巷子深。可口可乐旗下的雪碧算家喻户晓了吧，可还是要请周杰伦拍广告搞电视轰炸，说什么"晶晶亮，透心凉"。苹果是大牌公司、顶级的高科技企业吧，但iPhone 11pro如果不铺天盖地投广告，根本不敢在苹果专卖店直接开售，第一天万一来个冷场就砸锅了。

品牌是需要维护的。不管你多有名、多大牌，都需要持续的维护。因为人的大脑天生有遗忘功能，企业要不停地通过广告刷存在感；同时由于人口的更迭，从20岁生到70岁死，每年要更替2%的人口。要注意的是，哪怕不为了开拓市场，仅仅为了维持住现有的知名度，也需要投放大量的广告。

一般来说，企业的品牌策略分进取、维护和退出三种。如果你是一个成熟的品牌，仅仅想维持现状的话，这笔钱不会太多，只需要销售额的2%~3%即可，每年搞一两场活动，制造一两个热点就行了。如果你的战略是退出，也就是逐渐把品牌做死，把剩余价值全部收割（这种情况常见于被收购品牌），这时你仍然需要打广告，甚至有时候还要打反击。如果完全不投放广告，只想捞钱和收割，品牌的销量会断崖式下跌，最多两三年，消费者就会彻底把你忘记。适当地小幅投入，有秩序地撤退，就可以把品牌的榨干进程延长到十几年，从而实现收益最大化。品牌的建设和榨干是一件很专业的事，需要十几年的时间精雕细琢。

小业主

我还要说第二个道理：小业主是绝对不会出品牌维护费用的。

近年来上海房价暴涨，很多楼盘从100万元暴涨到1100万元，房东净赚1000万元。赚了这么多钱，总该做一些深谋远虑的事情吧？但很多小区却连5元/平方米的物业费都收不齐。

设想一下，如果业委会和物业提建议：花点钱把每栋楼的外墙刷一下，破损的大理石台阶稍微修补一下，小区的绿化做好一点……这些事情做下来，平摊到每栋楼也就十几万元吧，但却会极大地提高房屋品质，一跃成为高档小区，对于房价估值的提升何止百万元？不过，业委会会这么做吗？如果你和物业经理建议此事，他估计胆都吓破了。现实是，维修基金里任何超过10 000元的费用，使用起来都阻力重重。有一群蠢笨的老人霸占着业委会，阻拦维修，甚至还得意扬扬地说"帮你省钱"了，这群人中可能就包括你妈。

我们再进一步，要求每户业主每年掏出10万元，不是用来改善小区环境，而是拿着这笔钱到市场上宣传本小区，说本小区地段高档、环境优雅、交通便利，住进来就是尊享奢华，没事就在报纸上打一整版广告，庆祝交房500天，再雇用一堆网络水军，刷屏、点赞、编故事，夸本小区在本市数一数二，论豪宅必榜上有名。你说这种建议提出来，可能被执行吗？不可能。邻居不把你当神经病就不错了。"品牌维护"这种事，只能开发商来做，散户是不会做的。

这就是我提出的第二个问题：产品到了小业主手里，就会停止品牌的维护；而品牌一旦停止维护，商誉就会断崖式下跌。汤臣一品为什么现在还在不断地打广告？因为还没卖完呢。

💰 资产的实质

我们再看第三点：资产是什么？我们今天买的一切资产，归根到底都可以拆解成两部分——实用价值+IP。例如：红木=椅子+红木信仰，燕窝=粉丝+燕窝信仰，房子=土地与房产+地段信仰，爱马仕=蛇皮袋+包包信仰。如果去掉最基本的实用需求，我们所购买的资产，很大一块都是IP溢价。比如钻石，如果没有杂七杂八套在上面的附加值，它就是一块石头，而且还太小不便使用，唯一的用途是划玻璃。出国留学，"University"别称"由你玩四年"，英澳大学也学不到什么真材实料，最主要的收获是一张文凭，"海龟"值多少钱，见仁见智。

当我们进行投资时，该如何判断哪种东西能升值呢？很简单，看它蕴含的IP是否能够增加。你可以把IP想象成品牌管理，这二者之间的道理其实是相通的。品牌一定要有人维护，否则就会贬值；资产一定要有"庄"，否则就会走下坡路。

当你去买房子时，开盘那天可是个重要日子，售楼部外肯定是彩旗招展，锣鼓喧天，规格高一点的，还会请来一线明星。这些都是需要钱的，要花很多钱的。可是当你买到房子以后，就会发现开发商宣传的所谓"稀缺地段，万众瞩目，开盘即遭千人疯抢"的场景，突然都不见踪影了，你的房子在二手房市场上也无人问津。为什么会这样？因为大业主才会维护IP，小业主绝不会掏钱维护，因此，二手房永远也卖不出一手房的疯抢状态。有500套房子待售，开发商才会卖力地搞一场开盘大型活动，但是从你入住那天起，整个小区的商誉就开始走下坡路了，小业主们有花过一分一毫来维护小区的品牌吗？百事可乐如果裁撤了市场部，那么百事的销量和知名度还可以撑多少年？10年以后它还会是最受欢迎的饮料吗？

💰 资产升值

虽然前面举了一个一手房开盘的例子，但是道理都是相通的，你也可以推演到各种资产类别，包括但不限于子女学弹钢琴、海归文凭、国企铁饭碗、书法字画、唱歌跳舞、古董、盲盒、限量版球鞋与手办等。

弹钢琴这项才艺如果要能升值，必须要有一个人在各大媒体不遗余力地强调"钢琴是贵族的代言品，论学钢琴的重要性"，但在流量如此昂贵的今天，谁肯出流量费来保你的才艺升值？这是一个大问题。同样的道理，海贼王的限量版手办能不能升值，关键看海贼王的漫画能不能快速增加粉丝，显然，在眼球争夺激烈的今天，做到这点是十分困难的。至于那些盲盒、球鞋，人家造出来就是为了卖的，卖完以后逃得比兔子还快，你指望以后还能有后续的宣传推广，使手里的货知名度大增，出名升值？想也不要想。

只有极少数的资产，产权转到你手上之后，商家后续还会自动扮演活雷锋，提供宣传推广，为你"抬轿子"。这种资产的买进要极度小心，要精挑细选，偶尔才能遇到。绝大多数资产在你买进时，就已经是最后一棒了。这就回答了地产界中的一个千古难题：房价何时会跌？答案很简单，房子在开发商手中时，它永远涨。当它转入你名下，就开始跌了。

几类投资市场的分析

// 比特币和学区房 //

💰 投资市场大类

在"中产就是接盘侠"和"怎样判断最后一棒"这两节中,我讲了一个IP的道理。我们买卖的资产,绝大部分都是超出其使用价值的,你掏几百万元买一张古画,其欣赏价值或许还不如色彩斑斓的仿制品。在这种情况下,你希望投资品的附加值能够保值升值,就必须要使艺术品的名气越来越大。例如,单纯以艺术成就来论,明代画家里,唐寅或许不如沈周、仇英。唐伯虎之所以如此出名,和"唐伯虎点秋香"的故事在民间的流传是分不开的。1993年,周星驰主演的电影《唐伯虎点秋香》更是将这个IP推向了高潮,影响了整整一代人——只要我们这代人没有死去,那么"唐伯虎"始终都会是一块金字招牌。当我们这代人死绝了,我们崇尚的文化没有了继承人,我们喜欢和珍藏的艺术品也就失去了价值。多年以后,还有谁记得詹姆斯·迪恩一个签名,竟要卖1.8万英镑呢?

那么,在"资产类"市场里,究竟有哪些资产的名气是常青的,总是有人"抬轿子"呢?总结一下,大致是如下几种:钻石、红木、蜜蜡手串、地段、学历、公务员的身份和属羊。

💰 大力水手和科学怪人

在欧美市场,曾经有一些非常流行的时尚元素。比较典型的,如英国作家玛丽·雪莱在1818年创作的小说《科学怪人》,又译作《弗兰肯斯坦》,讲的是一个由"碎肉"拼起来的生物,被科学家赋予了生命。科学怪人和吸血鬼、狼人一起构成了欧美的三大魔幻IP。但是,现在的大企业,如迪士尼和漫威,还有兴趣继续推广"科学怪人"吗?显然没有了,他们宁可推自己的"复仇者联盟",哪怕拍吸血鬼电影,也要打造自己的英雄IP"范海辛"。要明确一点,推的是"范阿姨",而不是所有的吸血鬼。

如果没有大型公司的推广,仅靠民间自发,是不会产生持续的IP繁荣的。更典型的例子是"吃豆人"。作为最早的风靡全球的电子游戏,"吃豆人"Pac-Man是如此成功,如此深入人心——几乎美国每个的乡村俱乐部,都有一台游戏街机。"吃豆人"的粉丝自发组成了全美游戏联盟、全美Pac-Man巡回赛,赛事持续了三十几年。可是,哪怕有数百万人口支持,产品给每个人带来了深入人心的喜悦,纪念品会升值吗?衍生品会升值吗?Pac-Man世界冠军会像勒布朗·詹姆斯一样拿数亿的工资吗?完全不会。商业是严格的组织化行为,一定要以市场营销为核心,有针对地运营,几万溃兵是打不过成建制的两个团的。要记住:组织才是力量。没有组织,就没有力量。离开了组织,就是一盘散沙。

💰 佛系比特币

现在我们来讲第一个实战案例:比特币。

比特币一冒出来,只要稍有营销经验的市场部品牌经理就会做出判断:"这玩意儿绝对无法成功。"经营一个IP和经营一个品牌,原理是一样的。神仙水、八心八箭、小罐茶，你要买入一个概念，一定是需要宣传的。你要想让全国人民都不吃鱼翅，就一定要在地铁、火车站铺天盖地地投姚明的公益广告。做市场营销的，要切记两个方面：市场是总部层面的，销售是落地分销。

知乎上的小白总在说小米是世界上最好的手机，跑分遥遥领先、性价比高，而OPPO/vivo则是高价低配，看起来似乎落后小米好几个身位，颇为不屑的样子。但事实是，2017年科技界的头一件大事，就是OPPO/vivo销量远超小米。不仅是销量，单机利润上更是吊打小米。段永平才是真正的手机业大佬，才是真正的经营之神。

那么，OPPO/vivo赢在哪里呢？主要赢在"地铺"。三四五六七线，一个个城市铺过去，一家家步行街铺过去。地面店开到了每一个你叫不出名字来的城市，娄底、思茅、个旧……找当地经销商招商、找铺子谈租约、找师傅装修专卖店，还要派巡视专员定期考核服务品质。这些细水磨合的工作，都是加在手机售价之外的。你买手机的时候，绝对不会想到，2000多块钱是帮经销商付了商铺店租的。

问题来了——比特币面市的时候，中本聪的理想是构建一个去中心化、完全靠用户平摊、没有所有人的制度。然而，这样的"去中心化"，谁来付市场推广费用呢？谁来包下地铁广告请人做代言呢？谁在CCTV竞标标王、承担电视广告费用呢？谁来搞无数次的研讨会，请专家教授组专程去海南度假呢？

支付宝、微信支付刚开始推广的时候，力度不可谓不大。用支付宝买单，动辄满99减50，优惠券派到手软。滴滴、快的两家公司当年生死大战时，只要几毛钱，就能把你从大兴送到昌平。第三方支付能有这么大的市场份额和前期的海量推广成本是分不开的：光接单促销员就招收了几万名；连煎饼馃子摊上都有一个打印平整、精致塑封、防水防晒的收款二维码；"桌边付"量身定做，铺了几十万家餐饮店……这些都是靠"阿里铁军"一家家谈过去的：背个蓝色小包，手把手教会老板娘使用收款码，赠送一张张贴纸、手牌，还有后期烦琐的客服……

而比特币支付什么时候才会成熟？我悲观地认为，永远不会有商家接受比特币作为货币，比特币永远不会触及几千万人。能搞个几十家店，就能算新闻了。因为市场推广这笔费用是无人承担的，大家都是小股东，何苦为别人作嫁衣。比特币注定不会有互联网广告、培训研讨会、地接地推。推而广之，比特币以及一切去中心化的货币，注定是失败的。

2018年5月的博鳌"区块链论坛"沦为大众的笑谈。这次论坛上所有的业内分子讲的都是区块链，再也没人讲比特币了。原因很简单——我凭什么给你抬轿子？搞这样一场区块链大会成本高昂，又是租借场地，又是迎送接待，到场1000人，人均5000元的成本都打不住。既然是这样，研讨会到最后，各个币圈大佬肯定是卖自己的山寨币，凭什么给比特币背书站台呢。比特币注定是要完蛋的，没有人会帮忙"抬轿子"。

学区房

第二个例子我们说楼市。我们先看一段古文：

> 始妾事其父，时为将，身所奉饭饮而进食者以十数，所友者以百数，大王及宗室所赏赐者尽以予军吏士大夫，受命之日，不问家事。今括一旦为将，东向而朝，军吏无敢仰视之者，王所赐金帛，归藏于家，而日视便利田宅可买者买之。王以为何如其父？父子异心，愿王勿遣。

上边这段话出自《史记·廉颇蔺相如列传》，讲的是长平之战里的赵括。当时，赵王中了秦王的反间计，派赵括为大将。赵括他妈听了，连忙去皇宫找赵王，说赵括不可为将，理由是，以前他爸爸赵奢当大将时，爱兵如子，朝廷有什么赏赐，都是尽量分给将士，自己留下很少，所以将士齐心。而赵括是个小气鬼，喜欢独吞。赵王赏赐的金银，总是一个人藏回家吃独食，怎么可能不失败呢？最后赵王没有听进去，但同意了赵母"免株连"的要求。

为什么讲赵括的例子呢？我们对这个世界了解得越多，就越觉得世事艰辛。一家小餐馆绝不是你小菜烧得好就可以赚钱的，工商、税务、卫生、消防、环保、派出所、街道人员……一定得方方面面都做好了，生意才能做下去。做任何事情，一定要记得与将士分享。只有利益均沾的事情，才会有人帮你"抬轿子"，胸襟越是宽广，生意才能做得越大。

2018年，北京西城区"重新划片"的呼声又出来了。海淀区西二旗"码农子女"崛起了，硬生生把一个平民小学升级成了重点小学。对真正的有钱人来说，他们更喜欢国际学校、私立民办，没什么兴趣接盘学区房。而学区房小业主们的组织呼声也是分散的，甚至都不愿意每年拿出1%的资产组成行业协会去游说各方。势如累卵啊，怎么看，学区房都像是最后一棒。

只要"学区"政策稍微一调整，不再和户籍、学籍挂钩，或者民营办学稍微放松一点，甚至哪怕什么都不做，再给西二旗码农几年时间，西城的学区房分分钟崩溃，断崖式下跌。像这种1200万元30平方米却充斥着污水、臭虫的旧破房子，如果抛去了学区的概念，谁会去住呢？小白领可不是盲流民工，社区环境他们还是懂的。单纯卖房子，北京的瓦房老破小能值多少钱？50万元还是100万元？学区房有一夜之间跌去90%的风险。上升下跌，风险完全不对称。

长视频赛道

// 天底下的生意，最难的是掏开别人的腰包 //

💰 出头不易

我对自己的定位，其实是一个十八线不入流的三脚猫产品经理。

前些天，我在世贸天阶和一个头条的主管喝茶，我们聊到了风口的话题。众所周知，业界都在等待下一个自媒体风口的出现。自媒体实在是太赚钱了，只要你成为大V，就有每月数十万元乃至数百万元的带货能力。

自媒体最难的是出头不易。自媒体影响力最大的，无外乎"两微一抖"，微信+微博+抖音。其他的百家号、大鱼号、天涯、雪球，都不成气候。但现在在微信上，再想出头，要想成长为百万粉丝的大号，已经很难很难了。平台成立时间越长，筑城修寨的现象越是严重。

用户们刚到一块处女地时，两眼一抹黑，见谁都有趣，都关注。慢慢地，等他的收藏夹渐渐满了，他就不需要无限量地关注新人了。正如超市中只有前三名的品牌才可以存活，在互联网的江湖，任何类型的大V，只有头三名才可以被人记住。

因此，年轻人想出头，最好能找一波"新风口"。一个新平台，冉冉升起，短时间内汇聚到几亿用户。如果你能赶在第一批注册，自然能成大V。

众所周知，过去几年中，最强势的App是抖音。但抖音的DAU已不再增长，网红的竞争也很激烈。最关键的是，抖音的基因很迥异，算法匹配依赖于平台，而不是播主。这无疑为后续的商业化运营，造成了巨大的障碍。

这一次和头条的主管喝茶，他目光闪烁地透露：根据内部的口径，业界精英私下意见，下一个风口很可能是——长视频。

产品定位

长视频是什么？顾名思义，是时间比较长的视频。听了他的话，无数个念头在我的脑中交错。如果要进入长视频赛道，我该怎么做？如果你是产品经理，你该怎么做？

首先，我们要想一想，长视频和短视频的区别在哪里？

这个问题并不难。你想想，你花1000字写一篇小说，和你用140字写一条微博，区别在哪里？区别在于，1000字，你往往能写一个完整的故事，而140字，你只够讲一个段子，记录两三句心情而已。

视频也是同样的道理。制作15秒视频的，99%都是段子手。15秒太短了，你必须在最短的时间内抓住读者的眼球，否则他就下滑看下一个了。15秒的视频，一定追求新奇、反差，一定要有异想天开的反转，让人捧腹而笑。短视频很难表达深奥的思想，只能传播一些碎片化信息。总之，是一种非常肤浅的快速消遣食品，也难怪那么多人会diss抖音。

10分钟的视频，你不可能连续10分钟都是搞笑段子，都在抖机灵。况且这种视频看多了，只会令人觉得无聊。长视频是默认你10分钟内不会转台，不会下滑的，所以就必须克服内容的枯燥感。

以前有一个非常火的短片《一个馒头引发的血案》。虽然是喷电影《无极》的，但是把张柏芝、谢霆锋剪切得非常好。从某种意义上讲，电影解读、悬疑推理、商品导购、健身普拉提，或许是最好的长视频载体。

写到这里，说的还是老生常谈的东西。且慢，我需要提醒各位一件非常非常重要，但外行经常忽略的事。

成本

我问你，拍一条抖音短视频的成本是多少？15秒的那种。100元，1000元，10 000元，还是0元？正确答案是，5000~20 000元。你没有看错，就是人民币20 000元。

绝大多数的人都以为抖音的拍摄成本是接近于零的。他们觉得，拍摄用手机，剪辑用手机，也不需要购置任何硬件，小年轻又有的是时间。甚至还出现了李子柒这样的大V，上千万的粉丝，号称是自己一帧帧修出来的，一个人就顶一个团队。

说到这儿，您知道您创业失败的原因了吗？因为您受的是低级的教育，凡事总想省省省，一毛不拔。而您又对真实世界的运行，一无所知。视频的制作成本是没有办法省钱的。规模很小时，可以省成本，等规模变大了，一分钱都省不了。

如果你是奔着百万大号去的，你根本就不该在乎初期省的那十几万元。

标准的拍摄流程需要摄影师和助理共2人，演员1~2人。北京的人力成本，无论如何都要200元/小时了，优秀的人才更是便宜不了。四五个人，折腾一上午，就已经是5000元的人力成本。还有后期剪辑的无底洞。如果你想要精致的效果，做中国的HBO，那么剪辑再加20个小时可能都不够。

每一条短视频，都要精益求精的。你必须是精品，才能出头。否则抖音账号千千万，你为什么偏信自己就是那个幸运儿呢？

水库论坛也曾经多次考虑开设抖音账号，犹豫再三，还是下不了手。毕竟，在完成商业化之前，至少要发150条优质精良的视频才能积攒足够的启动粉丝。

而这个成本，实在是太高了。

💰 产品经理

一件商品，80%的成本在设计阶段，就已经注定了。一个产品，能不能大卖，有没有前途，在它出生之前，就已经注定了。如果你是一个产品经理，怀揣着梦想，想要杀入长视频赛道，你该设计怎样的主题，该选择怎样的细分市场，实现既不累又赚钱的梦想呢？

首先，我劝你放弃所有需要创意的类别。作为一个微信公众号大V，作为过来人，我真心地劝诫你："永远，永远不要做创意。"因为人的思维是会被掏空的。写公众号的过程，就是把你以往的学识、知识不断地变现、不断地输出为文字的过程。而任何一个人的知识量，永远是有限的。我们都知道，写得好的微信公众号，能坚持下来的没几个。长期霸榜，要么是平台类，来稿刊登；要么是鸡汤类，翻来覆去总那几句话。真正讲干货，讲毁三观的理论，每一篇都能让你精进的，整个互联网世界，也没几个号。

事实上，我认为最好的商业模式，应该是让你昏昏欲睡的。你真心不喜欢这个号，可还是要订阅它。如果一个号，能强大到你不喜欢它，可还是订阅它，那才是真正的财源滚滚。

第二，我会放弃一切需要高成本的类别。有些号，介绍的是秋千、索道、跳伞等极限运动；有些号，需要去天空之镜、秘鲁高原取景。这些都是非常好的号，但在商业上，一定是失败的。你一段短视频，美则美矣，但只适合你旅游时顺手拍下来。如果作为一门生意，每周发三篇，每个月发十二篇，你早晚得破产。

长视频的剪辑成本比短视频贵得多，你拍一部长视频，够拍半部电影了。所以在我看来，长视频的场景最好是固定的。一个主打"恋爱课"的抖音号，几天就涨了150万粉，道具只是一块黑板，这样就很完美了。如果连演员的戏功都不要求，那就更完美了。

综上所述，我认为最理想的长视频产品，应该是——教奥数！

教奥数

教奥数，首先我有资源。中国奥数总领队是我当年上铺的兄弟。我只拿过四届上海市的一等奖，和我这种学渣不同，人家可是闯进过国际赛区，拿到过国际银奖的。回国后，他就负责带奥数代表团。最近三年的国际比赛，都是他担任总指挥的。

奥数这玩意儿，说难很难，说容易也容易。我们常听说，在二流的市重点学校，往往倾全校之力，也只能出一个三等奖。西部的省区在奥数竞赛中基本全军覆没。其实，奥数是有套路的，只不过大部分老师教得不得法，他们只能就事论事，跟你说这一类题怎么做，那一类题怎么解。他们不能提炼到更高一层，告诉你"这一族"的题目该怎么解，告诉你出题者背后的意图。

中国每年的奥数竞赛题，还有高考数学题，是由固定几所Top大学的某几位老师出的。这些人，对外界而言，或许如神仙般难以接触，但对我来说却是非常熟悉的，因为他们就是当年教我们的导师。

奥数的本质，大概有30~40种套路。如果你熟悉了这些套路，是非常容易拿奖牌的。奥数的诀窍，只有我才会。如果我录长视频的话，那就专门演示如何用10分钟解一道题。然后20道题打一个包，卖199元。从产品的角度看，数学题是无穷无尽的。类似的期刊，我们可以卖很多很多套，江苏卷高考习题分析，山东卷高考习题分析……就算你已经做过市面上所有的《五年高考三年模拟》，那么，出卷老师没有出过的题，你见过没有？

　　天底下的生意，最难的是掏开别人的腰包。地理、历史、政治这些学科的地位，和语数外根本不能比。打了鸡血的妈妈，只有升学才是她们的关注点。能让你的孩子赢在数学/奥数上，产品不愁卖的。

　　你若是问，市面上有没有竞品呀？肯定没有竞品。这就好比市面上的房产小V很多，但我的水库论坛水库却是唯一的。

孤独的预判者

// 聪明人绝不要等到"杀猪"的最后一天才突然恍然大悟 //

💰 根系

2019年年底，某厂程序员因患癌症被辞退，网上传得沸沸扬扬，形成了一个网络热点。我真是觉得关注这条新闻的人很无聊。

一个人如果混到被辞退的地步，本身就已经是失败的体现。一家公司在急剧的上升期是不会轻易开除人的。在勉强持稳的平台期也不会裁减大量员工，最多开除几个可怜虫。如果一家公司要裁几千几万名员工，必定是"大船要沉"了，业务产生了很大的困难，唯有如此，才会做出如此伤害员工和刺激外界的举措。这时候，你是木头人吗？不知道早早弃船逃生吗？

聪明的员工，每天都会将公司复盘八遍，从公司内部的工作氛围，到竞争对手的咄咄紧逼，再到切实感受的福利薪资。正所谓见微知著，公司行不行，在两三年前你就应该有灵敏的嗅觉了。

真正敏锐的家长，在孩子报考大学前，就会精挑细选城市、学校和专业；等子女进入职场以后，会密切关注热门行业和风口。当你进入职场以后，哪怕预见到了"大厦将倾"而自己没有能力转行，那也可以紧紧抱住老板大腿，做他的核心嫡系，让他带你一起上救生艇啊。

如果你天天只知道上班偷空玩游戏，一不社交，二不溜须，看见同事人心惶惶，钻研跳船，还说他们神经质，你就像头猪一样，只知道闷头吃，直到临死前一天，才知道天堂般的好日子不过是一场幻觉，这时才一边打滚一边哀号。你这样的人不值得怜悯，怜悯了你，那还怎么对得起跳船逃生的智慧、勇气和努力？

聪明人绝不会等到"杀猪"的最后一天才恍然大悟，号啕大哭，仿佛全世界都欠你似的。比如说开头说的某厂员工的哭喊，真是IT业整体下滑的一个缩影。自ofo欠用户押金以来，PE/VC市场整体崩盘，一年前的融资大萧条就注定了降薪必将来临。

所以，诸多热点的产生，其实都是积怨已久，只等到最后的那一刻爆发。这是历史的必然。

💰 猪时代

最近几年，我接触的人越来越多，见过的事越发广泛，就越来越觉得原来自己才是"神经不正常"的那个。许多道理我本以为不言自明、众所周知，后来却发现在这个社会上还真没那么普及。很多人还活得和猩猩一样，一个很典型的例子，就是"危机感知"。

我以为90%的人都该有危机意识，但是我发现自己错了，这个数字应该是10%，90%的人是没有危机感的。你在公司里上班，每天朝九晚五，以为过得很舒坦。至于会不会倒闭，明天你还拿不拿得到这份工资，90%的人居然是从来没有考虑过的。当竞争对手步步紧逼，当销售业绩一跌再跌，当企业内部管理一团混乱，哪怕一个基层员工都会食不知味，而很多人却仍然每天过得优哉游哉。

水库一直在推销"构建以房贷为核心的资产组合包"，哪怕账面不赚钱，也要尽量把资产转移为"房产+房贷"的组合，就是为了哪天洪水来临，你手里有一艘挪亚方舟，还可以顺势扩张。

但在水库传播这一理念的过程中，却发现非常不顺利。我惊讶地发现：90%的人典型的心态是"不见兔子不撒鹰"，他们永远没有预判。非得要房价切切实实涨了，从8000元涨到18 000元了，他们才去市场上兜一圈。发现16 000元确实买不到了，刚需自住逃无可逃了，才肯低下头承认"价格上去了"。然后便是破口大骂："好端端的房价，怎么一夜之间就涨上去了呢？"但是，这是一夜之间涨的吗？并不是，货币蓄水要好几年，你不能在纸币增发的时候熟视无睹，在房价上涨的前夜再号啕大哭啊。

长期以来，水库心法被誉为"人不可能被说服，只能被天启"。水库的粉丝是天生的、觉醒的，而不是我们发展的，这其中的区别，或许就是"危机感"。

沟通的烦恼

聪明人之间说话，只要一个眼神，一个示意即可。每个人都是说一步，想五步，"你这样做，会导致xx后果，后果自负""那我改为xx行为，第三步收益增幅，第四步略微吃亏""要不我补偿你xx，换取xx。第五步的利益，换取第二步"。和聪明人谈判，如沐春风。

不怕神一样的对手，就怕猪一样的队友。"别做xx事，会导致触电。""别做xx事，会导致触电和高压。""别做xx事，会导致触电高压和雷劈。""我不信，我偏要试试。"然后你把整座机房都烧了，小孩子不懂事，非得要这样才知道疼吗？

第四章

生活、消费与就业

中国家庭财富一窥

// 看，那就是星星 //

💰 层级

多年来，我时不时思索一个问题："这个社会到底有多少层？"

20世纪80年代，改革开放初期，大家都非常穷，滚地龙，脚碰脚，平等起步。

我经过漫长的奋斗，现在算算房本，和起步时相比，已经跨越了好几个层级。居高临下，看着芸芸众生。可我抬头往上望，又是何等绝望啊！天外有天，人外有人。爬得越高，越知道上面还有更高层。"九重天"并非戏言，上面的层级，甚至比下面层数还要多。

许多年前，互联网上流传过一个非常热的帖子，叫"中国社会的九个阶层划分"，相信大家都看过。这篇文章的作者颇有见地，尤其是开头的几行文字，很有石破天惊的感觉。但这篇文章有一个问题，他是把政治和经济混在一起谈的。类似的标尺，在今天的网络上，那咱是摸也不敢摸的。

我们这里只谈财富，只按净财富来划分等级。那篇文章的作者，他自己的级别其实并不高，他并不是很有钱。因此，你细看他的文章，很多描述是错的，他没当过亿万富翁，所以就无法描述上亿级的富人。我在这方面的阅历就比他深厚多了。因此,我的划分方法和他的不同,我的应该更符合事实、更有逻辑一点,见表4-1。

表4-1 九个阶层划分

	级别	净资产	覆盖人数
1	天阶	A13	
2	天阶	A12	100
3	天阶	A11	1000
4	地阶	A10	1万
5	地阶	A9	10万
6	地阶	A8	100万
7	凡阶	A7	1亿
8	凡阶	A6	13亿
9	凡阶	A5	

(注:这里的A8、A9、A10,是水库术语。A8就是净资产8位数的意思。例如:A8=10 000 000元,A8.5=50 000 000元,A3=100元,A6.3=300 000元。)

九阶

有人问九阶是什么,怎么还有A5啊?难道家庭总资产,就只有几万元?是的,九阶是社会上的残障群体。例如,据估计,中国有1300万盲人,8300万残疾人,约占总人口的6%。此外,还有老少边穷地区的人,大凉山、墨脱、阿里等不通公路的地区,贫困人口多的是。在此,我就不多加介绍了。

💰 凡人

我们来看第八级：A6，十万到几十万的数量级。虽然没有准确的数字，但是按照世界银行的估算，中国的总财富量在64万亿美元左右。大概是GDP的4.5倍，倍数符合全球平均水平。平摊下来，14亿人口，每个人平均4.6万美元，约合人民币300 000元。

我们知道，统计数据中，一个社会的基石阶层是很难有大的改动的。占比最大的就是第八级，足足有13亿人口，平均的财富是A6.3。这个数字，应该不会差太多。

这个级别的人群，还可以细分：农民、工人、营业员、教师、医生、外企员工、私营杂货店老板……这些人之间，还存在着"鄙视链"。比如，我的退休工资比你高200元；我是副科级，但是享受正科级待遇；我的公租房是边套，而你的是中间套，租金我比你高点。

但是，我和你说，这些都不重要。从更大的财务视野来看，殷实之家也好，贫寒之家也罢，他们都是同一层级的，都是第八级。所有的互撕，无非都是蚂蚁打架。哪怕那些在小地方非常成功的体面人物，到了更大的世界，也是一文不值。

💰 白领

比第八级更高的是第七级A7。第七级是什么？是京城人士，或现代化中产阶级。中国北上广深四个一线城市的总人口大约有8500万人。

看过法国文艺复兴时期小说的朋友都知道，一个巴黎的女士，如果去外省度假，那就是"京城来的"。在吃穿用度、时尚潮流等各个领域，全面碾压乡妇，是社交圈竞相模仿的标杆。在中国，虽然大家表面上不说，但是都心知肚明，京沪人士看外省的吃穿用度时，也是一种"乡下来的"的眼光。成都、杭州号称锦官城、人间天堂，我开会去过几次，细节粗糙不堪，和一线城市还是差得太远。

中国的产业分布，是很不均匀的。只有在一线城市，才有高薪职位。BAT[1]无一不在沿海城市。次一等的，金融或者证券，则是在省会城市。到了地级市，或许会有几个特色工厂。到了县里，就只有电信局、林业局、电力公司等，靠体制吃饭的，不吃公家饭等于没饭吃。职业分布决定中产分布，没有高薪产业的地方，就不可能有优质人群。

如果我们把"北上广深"圈出来，再加上各个二线城市的顶尖人口，则可以挑出1亿人左右。或者横过来切，把所有甲级写字楼的白领挑出来，也可以圈出1亿人口。这就是七阶的基本盘——A7。

七级和八级的区别是什么呢？八级都是灰头土脸的人民，可能是一个跑长途的卡车司机，可能是供销社的店员，还可能是外出打工的保姆。你知道这些人的存在，但所有看这篇文章的人，都不会和他们产生共鸣。你是大学生啊，你要做白领，是要在高大上的金融街、CBD上班的。

我们常说："人往高处走。"小地方的人问我如何规划人生。我的第一个回复，往往是"到大城市去，到一线城市去"。如果你不去，将来你的孩子也得去。不要嫌一线的房价高，自己想easy模式，逃回老家躲避？你这辈子躲了，你的儿子下辈子还得拼命，还得挤到一线去花更贵的价格买房。

巴黎和外省，从来都是不同的。一线城市和偏远山沟，也是不同的。只有在大城市，才有高薪职位，才有精彩的沉浮故事，才有浩浩荡荡的时代洪流。这1亿人口就是中国的"巴黎人"。

然后我们再说七阶白领阶层的局限性。我们可以看到，大城市的妈妈们是很愿意奋斗的。具体的做法是：精养一个娃，吃进口奶粉，请月嫂、保姆，或者当全职妈妈；买学区房，给他/她最好的教育，读最好的

---

[1] BAT：B指百度（Baidu），A指阿里巴巴（Alibaba），T指腾讯（Tencent）。——编者注

小学、最好的中学、最好的高中；毕业以后，进体面的500强BAT，做光鲜照人的白领；买股票，开烘焙店，政治正确地创业；爱护地球。

中产阶级不过刚刚到了七阶，倒数第三级。中产阶级是我们最熟悉的层级，是我耗费笔墨最多的层级。中产阶级的焦虑也是最严重的。他们中的很多人是刚刚从八阶的山沟沟或者小城镇中爬出来的，他们这辈子，无论如何也不想再跌回去了。

第七级的特征是他们见识了上流社会，却根本融不进上流社会。他们努力地模仿，尽量用LV、Chanel、YSL来包装自己；吃养生沙拉，做高温普拉提，去海岛度假旅游。在他们想来："上流社会也不过如此了吧？"因为上流社会的吃穿用度也就是这些东西，能见能摸能模仿。悲哀的是，他们根本不知道上面的天空还有多高。

中产阶级笨拙地模仿着上流社会的行为，好使自己看上去更高档一些。妈妈们对学区房的争夺、拼抢，已经使这个泡沫达到了一个望而生畏的高位。可惜的是，这所有的努力注定是徒劳的。中产阶级注定将被困死在A7的圈子里。你天天加班；你每天花5个小时监督孩子写作业；你一步步升职加薪，35岁开始独立负责一个团队；你努力表演，维系你的朋友圈，维持你的社交圈，保养你的体面……然而，这辈子你仍将被困死在七阶这个阶层里面，你是爬不出来的。

红桃皇后说："你必须跑双倍速度，才能离开这里。""如果你竭力奔跑，你只能停留在原地。"中产阶级就是停留在原地的那个人。你的一切努力，放到世代更替的大尺度下，无非是让你的孩子重蹈你的社会阶层罢了。甚至你整个家族，还亏损了50%，从两个985，变成了一个985。哪怕书读得再好，毕业后还不是像你一样当个打工仔，做个底层的小白领？

我们目前的教育方法并不能使人跳出世代轮回。我曾经计算过，一个张江的IT白领，父母倾注全部心血在他的教育上，再加上运气不错，他这一辈子积累能留下什么？结论是——一套唐镇的房子。他很有可能用6万元单价买了一套120平方米的CEO盘，前15年存首付，后30年还月供。而唐镇本来是一片荒地，一文不值。纯粹是因为你的建设，才有了价值。把这片荒地卖给你，真是莫大的讽刺。

我们把中产阶级这一档定在A7。A7的意思是100万元到数百万之间。

如果你月薪两三万元，你这辈子的财富巅峰很可能在600万元左右。很多人不明白这一点。有很多小白领总以为财富是可以持续增长的，靠储蓄就能日积月累。

这个月发工资，存进去一点；年终奖是每年的大头，几乎全部存入；理财有分红了，赶紧本息再滚动存入。前年总存款还在200万元，今年已经快逼近300万元，你摸着存折，心里热烘烘的。

账不是这样算的！我们说的A8，是2020年的A8，而不是2030年的A8。

通胀和物价是持续在涨的。今天的1000万元家产，算是中上家庭，过得其乐融融。2030年同样的生活水准，可能就得要3000万元。小白领没有意识到，他们在蓄水的同时，也在漏水。

你一辈子积累的财富上限，可能就是年薪的10~12倍。到了一定阶段之后，继续存钱，就是越存越少了。终究是无望的中产阶级。

金领

第6个等级是A8。通俗地讲，A8就是各界精英。你公司的CEO、CFO，还有武磊、窦文涛也算。我们知道，众生庸碌，13亿人口，1亿中产，百万精英。几乎每一个中产妈妈，都在督促着孩子读名校，进名企。天底下那么多竞争者，有几个能考No.1？答案是，100人中才有1人。学区房仅仅是鄙视链中非常低的一环，仅意味着你有了一张名校入场券。可同年级的，可能有三四个班级，上百人。更何况，这所学校，也未必是同时代、同区域最好的。

进名校只是非常Low的一环。当年我们在复旦附中校园内横冲直撞，被教导主任逮住。教导主任问，你们为什么不戴校徽？荣誉感呢？我回答说，我不需要以复旦附中为荣，我需要有一天，复旦附中以我为荣。

在这个世界上，总有些人属于"基因突变"的类型。凡是寒门做出大事业，小地方考进清华北大的，他们绝不是家里的家教好，而是基于庞大的人口基数，基于概率运气。

每一个父母都望子成龙，但99%的中产阶级子女注定是平庸一生的。所谓人生三接受：青年时，接受你父母是个平庸的人；中年时，接受你自己是个平庸的人；老年时，接受你孩子是个平庸的人。

按照中国目前的标准，金领收入大约是2020年年薪150万元。金领不是很高的难度。IT男有很多都可以做到年薪80万元，夫妻二人相加也有150万元了。

"钻石领"的定义是年薪500万元以上。

社会向上流动的孔径永远打开，真正优秀的人，年年脱颖而出。只不过中产阶级妈妈对于优秀的理解，实在有一点误会。概率差了好几个数量级。中国1300多年的科举考试，状元一共只出了504人，进士约11万人，平均每年80人。打个比方，正宗的清华北大，一年大概录取4000人。也就是说，清华北大的2%，才是改变命运的人。

这些真正站在智力巅峰的人，他们很早就可以和怡和的大班对话，经手的都是大生意。耀眼光辉的履历，哪怕拍偶像剧都足够。年轻、多金、俊美、事业，足以让怀春的少年尖叫。

你认为这些巅峰学霸的上限是多少？别被偶像剧骗了。其实并不高，仅仅到A8.99。仅仅到第六阶，要想突破，终身无望。

💰 担当

九阶是残疾人，八阶是普通人，七阶是精英，六阶是天才。天才之上是什么？

为什么还有五阶？难道还有人，读书比六阶还好？难道是博士，院士？不是的，读书读到六阶这个程度已经是到顶了。哪怕我自己的履历，也不如六阶光亮。

要成为A9，亿元级圈层，其实很容易。前一阵子，我在柬埔寨见到一个年轻人，95年的，在金边晃悠。我问他做什么的，他说是"退休人士"。具体做什么？他是"来电"充电宝的创始人。最近把股份卖给了基金，套现了A9。现在来到柬埔寨，想寻找传说中的爱情。

在前面的表格中，六阶、七阶的成长历程是一样的，都是读书，只不过一个是庸碌平凡的学生，一个是顶尖变异的学霸。你要想从五层破阶，就不能不读书。

但你也必须知道，读书仅仅是这个世界中的一环，而且是很小的一环。学校被称为"象牙塔"。学校里的荣誉光环和真实世界的竞争相比，简直不值一提。你什么时候走出"小世界"，认识"大世界"，才真的是变革性的进步。

工作做得再好，履历再怎么漂亮，你终究只是一个打工的。打工吃粮，根本不用担心天塌下来，天塌下来，有高个子顶着，还可以随时跳槽。你要想完成从六阶到五阶的惊险一跃，就一定要从打工模式切换到老板模式。老板模式并不需要你背单词，背公式，做阅读理解，写中心思想。老板需要的是勇气、野心、想象力、沟通、忍耐、运气……这些才是最重要的能力。

我们常常听见一些月薪两三万元、学历很高的年轻人抱怨"辛辛苦苦劳作一年，不如房价涨一涨"。这是应该的，因为你没有担风险。组织里稀缺的是能扛事的人。你学历再高，你不用担资产下跌的风险，你就是不重要的。伙计层面永远上升不到合伙人层面、老板层面。

如果你想跨入社会第五层A9的世界，就不能靠工资，不能靠中产阶级的缓慢积累了，哪怕你工资每年500万元，也不行。你必须有自己的生意，至少有一次惊心动魄、九死一生却非常成功的冒险。创业开头难，过了这个槛，才可以浴火重生。

其实你从头到尾操作一套房子，也相当于完成了一笔全产业链的业务。从市场调查、突袭笋盘、讨价还价、过户手续，到跪求银行融资、资金调度、装修成民宿或出租，每一个环节，你都是无可依靠的，请注意"无可依靠"这四个字。你应该像一家企业的CEO一样，独立克服所有的困难。你就是最后的防线，没有任何人可以依赖。一套流程走完，你才会知道世事艰辛，做点事原来这么不容易。

💰 奇迹

再往上一阶，是四阶，对应的财富是A10，10亿元。A10的境界应该是：如果你中了双色球头奖，也完全不动声色，过了好一阵子，才从鼻尖渗出一滴汗珠："这超干牛肉干也太辣了吧，什么牌子的？"

我这个表格之所以要用10倍一阶，部分原因是想说明这其中的距离天差地远，甚至远到了已经无法用资深来弥补。你想要升一阶，你就必须得换模式。

不换模式，中产阶级无论怎么蹦跶，还是中产阶级。四阶的含义是"持续的奇迹"。你偶然暴富没用，你必须持续地走运，每个月都有奇迹。

举个例子，目前双色球彩票的头奖是人民币500万元，扣除了20%的税，实际到手400万元。如果你中了头奖，你的阶层确实可以迅速改变。无论你是A5、A6，还是A7，中了彩票，身家直接逼近千万元，衣食住行各方面都会得到改善。

有这么一笔几百万元的横财，说不定可以吃上三代。你临死之前，这笔遗产甚至可以像老娘舅一般，拍30集财产争夺连续剧。此后三代人的生活质量都受这几百万元的羽翼。

但是，愚蠢的人类啊，你们知道A10是怎样一个概念？10亿元是怎样一个数量级？10亿元的概念，是从今天起，你每个月都要中一张双色球头奖。别人是奇迹，你是打卡。一年中12张才勉强凑满5000万元。连续不断中奖20年，才勉强凑满10亿元。简直比月供还难！你需要中头奖彩票达250次，获奖证书堆得比小学生的作业还要多。

还是拿房子来举例。房子是非常好赚的商品。买到一套笋盘，遇见一轮大行情，赚上几百万元很轻松，远远比打工轻松。水库里常常有读者留言，说"多谢指点，这套房赚了40万元"。对这种情况，我通常就笑笑，真是没见过钱啊。再厉害点的，是两年前买了重庆、沈阳、深圳的房子，现在一轮牛市，差不多赚了200万元。在水库论坛里，还有单套房盈利600万元以上的。2000年至2010年的上海楼市黄金10年里，如果你有一套次新房，持有满这10年周期，你的盈利一般都在600万元以上。

那么，A10是怎样的概念呢？A10=600万元的单子乘以160次。任何一个人，如果他的一生中有一套能升值600万元的单子，就已经够他吹嘘30年了。仅此一单就可以超出他一生的工资，甚至超过他整个家族赚的钱，厚泽余荫三代。而如果你想成为A10，这样的单子，得做100多单。

奇迹不再成为奇迹，得要你随手抓过来一把葱都能成为奇迹。怎么可能？这又哪里可能呢？这个世界上，所有循正常道路来到的A10，都一定是一串串的奇迹制造者。他不是一次偶然遇到奇迹，而是每隔三五年就创造一次奇迹，每次奇迹还得发生在不同的领域。别人是一次性的传奇，他是一辈子的传奇。生命中的每一段拿出来都可以写一本书了。

或许有些朋友问了，难道不可以靠资本投资回报来达到A10吗？如果说有钱了会更加有钱，那么每年有10%的回报，今年的1亿元，明年就是1.1亿元。这种想法大错特错。正确的算法，应该取资本回报为0%，也就是说，你还需要160个600万元，才能积累到A10。

A10往深了讲，还有一重含义。如果你赢了一次，可以说你运气好。如果你总是赢，那你一定是有了方法论。赢一次和赢N次，从逻辑上讲，是有本质不同的。如果一个人每次操作房产都可以赢涨，那他一定有某种"心法"。这就不再是一种运气，而是一种能力。能在现实生活中创造奇迹的能力，非同小可。这并非小世界的学霸，而是大世界的学霸。

众所周知，高考状元从来都不是最优秀的学生。因为真正优秀的学生，早就直升了，各家学校抢着要，根本不需要参加高考。在我们那个年代，真正的屠戮场是奥数。谁关心普通班级的总分啊，那么幼稚。当学霸们埋头苦读时，我正在看闲书：历史、地理、宗教、悬疑、小说、科技、高能物理、边缘人……我的阅读量是他们的好几倍，效率更是10倍以上。这些知识，没一科是需要考试的，甚至可以说是完全无用的。但大学追求的不就是自由而无用的灵魂吗？你不积累这些浩瀚如烟海的知识，怎么厚积薄发？

大到宏观经济，小到柴米油盐，学霸们都被我全面碾压，学识根本不在一个层次上。学霸们的确是考试考得最好的人，但并不是学习最好的人。

💰 天阶

三阶是A11，百亿级。

九阶残疾人，八阶普通人，七阶精英，六阶天才，四阶五阶"鬼才"，那三阶是什么？难道有比"鬼才"更厉害的人？我觉得是没有的。一个人的力量，做到"鬼才"级别就到顶了，已穷尽智慧、勤奋和运气。单靠人的主观能动性，能比"鬼才"更加优秀的人，实在不多。

A11是什么，刚开始我也不知道，毕竟我也没有到百亿级。再往上，很多事情我也是管中窥豹。最后的三重天"天阶"，都是我猜的。存在误差，在所难免。

我认为三阶的关键词是——时代。

前边我提过，六阶和七阶背后的共同逻辑是"学习"；而四阶和五阶的背后，我觉得共同的逻辑是"冒险"。你需要当老板，承担风险，靠勇气与智慧吃饭，靠想象力和亲和力当个企业家。"持续奇迹创造者"这条路已经走到尽头了，潜力挖掘殆尽了。靠一单单的600万元赚钱，你不可能成为A11的。二阶和三阶想入天阶，你得靠"时代"。你的钱，不是靠个人能力挣的，而是老天爷赐予的。

你至少做出一款改变时代的东西。

微软的第二大股东叫保罗·艾伦，是个程序员，持有微软上市后40%的股份。创业之初，比尔·盖茨主要负责拉单子，而微软的操作系统大部分则是保罗·艾伦写的。他只有很短的一段程序员生涯，然后很快就把全部的时间精力投放到了化装舞会和摇滚乐上去了。硅谷厉害的程序员多的是。他们是靠能力吃饭的吗？并不是。硅谷本身就是一张"子宫彩票"。

我在重庆有一个租客，非常年轻，20岁出头。当年签约，是他冒雨到我浦东住所来签的。我惊讶地问，公司怎么派你这么年轻的员工飞上海？他淡淡地说，他是董事长长子。后来，他们家公司被史玉柱看中，借壳上市。A股的壳，卖了100亿元人民币，父子俩妥妥地上升为百亿富豪。

我们说，人力有时而穷。跨入A11这一步，真不是靠你个人，而是靠时代。

时代宛如巨浪滔天，滚滚洪水。时代聚焦到你身上了，你就可以上位。闲时看民国史，每一个在史书上留下姓名的，往往不是最优秀、最聪明的，也不是道德最高尚的，很多时候仅仅是时也运也。督军出事了，副督军就上位了；正副督军都垮了，难保哪个连长就上去了。

一个人的能力终究有限。更大的资源，起手牌，往往是老子给的，组织给的，或大型的财团基金给的。一上来就给你几亿美元的天使基金，发展就很快。

哪怕烧钱，也可以烧出滴滴、ofo、Luckin这些怪胎出来。北京的PE/VC有圈子，如果你生活在青海、甘肃，绝无可能获得互联网投资。

开局牌往往不是由你控制的。在大历史面前，个人渺小得像只蚂蚁。

敬畏历史，自知之明，知足常乐。

💰 传奇人物

三阶，往往是做出了一个成功的产品，比如老干妈、福耀玻璃、海天酱油、携程网，或是留下了一家公司，一个App。单个产品的市场容量毕竟有限。小池子里是养不出鲸鱼来的。企业的上限，顶多有百亿规模。

而二阶，千亿富豪，往往是有无数家百亿公司在他的名下。辉煌的成功，已经不是一家公司，而是N个现象级的大品牌都属于的集团子公司。你掌握的不是一个产品，而是一个产业。这样的教父级人物，毫无疑问，大家立刻想到了"二马一王"——马云、马化腾、王健林。

对于这些传奇人物，已无须我再赘述。百亿级的成功项目，对他们而言也就是无心插柳的事情。看看阿里、腾讯帝国的版图，令人颤抖。

💰 结语

在我们的现实生活中，大约净资产每隔3倍就是明显的阶差。相当于你付全款，我付首付。3倍的财富差距已足以使得吃穿用行、商标和品牌、消费态度和频率、诸多生活习惯产生足够的辨识度和差异。

在我制作的表格中，以10倍为一阶。当净资产目标差距10倍时，意味着上限下限你已经难以触摸。无论你怎样努力，也不可能跳跃出七阶。一个净资产600万元的家庭，无论怎样努力储蓄，也不可能成为6000万元。月薪2万元，追不上月薪20万元。

这个表格并没有太大的意义。最后几阶，我也是瞎猜的，因为我也想知道自己离上流社会还有多远。刘慈欣的短篇小说《朝闻道》中，有这样一个故事：

外星人排险者定期检测地球，突然有一天，排险者的警报响起，一级警戒。检测人员赶紧去调阅倒带，看看发生了什么，这么严重。结果发现，是在37万年前，有个地球上的原始人仰望星空超过了预警阈值。人类不解，为何这就触发了警报？排险者说："这很难理解吗？当生命意识到宇宙奥秘的存在时，距它最终解开这个奥秘只有一步之遥了。"

很多人匍匐在地面前进，不知道天有多高，不知道海有多远。直到一个人偶然抬头，看见一丝一闪，泄露了天机。虽然不知道什么意思，但他会说："看，那就是星星。"

什么才是A9生活观

// 正经有钱人都很忙 //

💰 电脑

前段时间我买了台新电脑,作为每篇文章平均阅读量在8万+的公众号作者,我会买一台什么样的电脑呢?我一个朋友买的电脑,机箱是三面玻璃的,显示器是近50英寸的曲面屏,键盘则是Cherry的,散发着五颜六色的光芒……所以,你认为我一定也会买这样的电脑吧?但是你错了。我买的是一款价格只有869元的笔记本电脑,用积分还抵扣了10元。这台电脑只有2G内存和32G硬盘,这是什么概念?貌似Windows系统本身就要占用10G~15G的硬盘内存,这就意味着这台电脑不仅不能装任何游戏,甚至连大一点的软件都装不上;2G的内存则意味着它几乎不能运行任何大型的软件。但是我却对它很满意,因为它完美地契合了我的需求:只能用Word。

有的人会反对说,哪怕你主要用Word写文章,也可以买一台配置好点的电脑啊。这么说的人,其实根本没有抓住核心。

💰 专注

我之所以要买超级低配的电脑，就为了让自己在码字的时候不能干其他的事情。很多人都有这样的经历，当写东西写到一半的时候，脑子里空了，什么都写不出来了，一般人会干什么呢？"症状"轻一点的人会起来泡杯咖啡，抽根烟；"症状"重一点的人，则会摸出手机打两局王者荣耀，要不就刷刷知乎、刷刷抖音……等到再一抬头，发现两个小时已经过去了，却还是一个字都没有写出来。这是一个极其可怕的"症状"，这些时间碎片折磨得你疲惫不堪，精力不但没有恢复，反倒因为完全没有产出而自怨自艾。

因此，我买电脑只有一个要求：这部电脑只能码字，除了码字，它连大一点的软件都安装不上，最好内存再小一点，多开两个网页就会卡得要命的那种。我再把手机放在其他地方，这样就能集中精力码字了。

💰 拗相公

北宋熙宁三年（1070年）出了一位超级宰相，被人戏称为"拗相公"，他就是王安石。王安石不仅主导了变法，而且此后的几任宰相吕惠卿、曾布、蔡京，都受过他的提携。那么，这样一个宗师级人物，吃什么东西，穿什么衣服？答案是：作为宰相的他，在吃穿方面，可能还不如一个七品县令。

有一次，王安石和下属吃饭，摆在他面前的是一盆鹿肉，于是他就专心吃肉，最后竟然把一整盘鹿肉吃得干干净净。下属看在眼中，心想，原来王丞相喜欢吃鹿肉啊，于是四处捕鹿，想巴结王安石。消息传到王安石夫人的耳中，她笑道："他哪懂什么鹿肉，他只是专心吃眼前的一盆菜罢了，你便是摆一盆酱萝卜在他跟前，照样吃得精光。"

穷人对于富人往往有许多误解，就如同《西虹市首富》中，把富人刻画成手里捧着一个大龙虾、天天啃龙虾肉一样。真正的富人过的是什么样的生活？说他们天天吃龙虾固然是误解，说他们天天吃青菜白粥，更是曲解。真正的富人应该是"不关心"，就像王安石一样，无论你把什么食物摆在桌子上，他都只吃眼前那盆菜，你以为他嘴巴在动，在吃饭，其实心思早不知飞哪里去了。王安石想的可能是：变法在地方施行得如何，弹劾大臣的奏折不知道皇帝看了没有，今年全国各地的粮食收成怎样……这其中的每一件事，都比他眼前的那盆菜珍贵百倍。如果你感到很难理解，那你就想想小时候你父母叫你吃饭，你坐在饭桌上，心里却惦记着游戏机里的游戏能不能升级。

在我们这个社会，一个男人喝什么咖啡，穿什么衣服，能否识别07年的限量款，这些都成了"精致"的象征。万宝龙一粒纽扣2500元，香港的时尚杂志花了大量的篇幅，用长达二十几年的时间对消费者进行教育，"肯花几千元买件衬衫，不算有钱人，肯花2000元补一粒纽扣才是对生活讲究到极致"。可我要告诉你，每天花一个小时在玻璃镜前扭来扭去，这样的男人充其量只能到A8，或者是一个富二代。电视剧里的花样美男，在真正的上流社会完全是不入流的角色，因为真正的有钱人都很忙，他们每天都在为企业的发展殚思竭虑，哪有时间去关注自己的领带是什么牌子的。

💰 钱包

我有一个钱包，几乎所有看到这个钱包的人，第一反应就是：这一定是你妈妈/女友/前女友送的。因为它实在太破了，四周都已经磨皮了，所以这里面一定有一段悲伤而久远的故事，使得你不忍舍弃。而事实的真相是：这个钱包就是我在淘宝花17元钱买的，而且我还买了四个。其实在我的储物间里也不乏名牌的皮夹，我只要花几分钟就能把它们找出来，但我实在是懒得找了，并且我不在乎用旧钱包。因为一个居于行业顶峰的人，他一定是全神贯注的，他一定是把他全部的热情、心力都倾注于做得更好、做成第一上面的。

竞争无处不在，挑战者这么多，你唯有超级努力，才能看起来毫不努力。对"专注"伤害最大的，莫过于"分心"。如果我现在放下手头写到一半的文章，悠闲地去储物间挑选钱包，这是何等懒散的行为。一个人经常在紧张和懒散之间切换，是注定做不好事的。

写了这么多，想说明什么呢？王安石如果没人照顾，多半会因为营养不良而死。富一代如果没人照顾，生活质量想必也会惨不忍睹。富一代实在太忙了，忙到了没有办法"精致地生活"，因此女孩子需要深入了解"A9生活观"，然后帮富一代花钱去。

涨价急先锋

// 生命的进化，其实是一个不断趋于复杂和细化的过程 //

💰 涨价

在前面我们讲过，如果全社会所有企业的社保成本增加20%，那么物价就会上涨20%。有人会问，那该怎么涨？用什么方式涨呢？家门口卖生煎包的小摊位，10元一两，一两4个，那涨价的意思是不是需要修改价格到12元一两呢？答案是：不可能。古往今来，没有过这样的涨法。

有人会说："涨价是不可能的，竞争这么激烈，哪家企业敢涨价？涨价了，客户就跑光了。"这句话是对的，以上面的生煎包为例，你直接把价格提升到12元，消费者是很反感的，会抵触。更为严重的是，某些时候还会有些人跳出来高喊："企业应该有社会责任感，不可以把企业的负担转嫁给消费者，遏制不合理涨价行为，相关部门要管一管。"为了防止出现价格管制，你又该怎么做呢？

生命的进化，其实是一个不断趋于复杂和细化的过程。同样的道理，市场营销思想的精髓其实就是"雕花"。在硅原子晶片上蚀刻CPU，你只有复杂化了，才可以形成"套路"。好比一杯奶茶加一个汉堡，就成了套餐，而套餐之后，就可以有无穷无尽的变化。

我们来想象一下产品的"双轨制"。假设你有两个产品线，分别是15元的虾肉生煎和10元的普通生煎。在平时，这两条产品线是并行关系，虽然号称"虾肉"，但其实里面也没多少虾，至于标价15元，也是为了适应某些土豪偶尔不差钱的消费需求。亲民性消费和奢侈炫耀性消费的份额比例，我们可以假设为：90% vs 10%。

除了"虾肉"本身的产品区别之外，所谓的市场营销是全方位的。包括但不限于：店铺的开屏banner、店内海报、菜单插页厨师推介、收银台的产品排序、本日特价产品促销等，这些东西我们统称为"展示资源"。我们知道，"淘宝直通车"中的"搜索排名"有着巨大的价值，排前五的基本上囊括了主要销量。同样的道理，在店内展销时，"近期主打"的效果是巨大的，资源倾斜给哪个产品，哪个产品销量就会上升。

高级管理

设定两条产品线，这仅仅是入门级的营销手法，事到临头才想起开发高级SKU（库存保留单位），是外行人的做法。真正的500强大公司，一般都维系着高中低全套的产品线，不止有AB款，甚至可能有5~6种。

每一年，公司都会排定整体营销计划，因为人口是在变迁的，消费也在升级降级。公司都会据此研判"中产主流""低价寒冬"和"豪门饕餮"，然后再确定本季的主打策略。这意味着什么？意味着一旦社保增加20%，公司就要迅速调整为中高档产品优先，而且这种调整是隐蔽的，不为人知的。

接下来，公司还可以人为地淘汰、抑制低端产品线的销售，尽量把客户都升级到中高端产品线。比如说你到面馆吃面，要一碗5元的炸酱面，结果老板问你要不要尝试一下当季新款——30元的松茸花胶面，买一碗还送价值128元的折扣券大礼包。你感觉太贵了，于是翻菜单，直到翻到三级菜单的第八页下面，才见一行小字写着"炸酱面5元"。如果不是老顾客，你根本不知道菜单角落里居然还有5元的炸酱面。

除了"隐蔽菜单"和"削弱展示"之外，商家还可以采取"降低质量""削减分量"等方式逼着你走。比如一碗面的分量比以往少了三分之一，牛肉面里再也没有牛肉了，都是土豆粒。如果这些都不管用，食客仍然不走，那就只能使用终极武器，告诉食客："对不起，今天调酱的师傅病了，没有炸酱面。"

综上所述，一些大型的企业其实一直都有六七条产品线。在平时，有两三条是高档产品线，销售额非常少，仅仅作为宣传展示用。但是当商家受到诸如成本之类的外部冲击时，就可以迅速调整产品线，主推中高档产品，压制低档产品的销售，实现销售额的提升。

从情理上，我卖的还是原有产品线上的产品，因此，不会遭到消费者的抵触，我甚至还可以在价格上给你打个9.9折，对外宣传时，我可以宣称"专注于高附加值产品，大力发展先进制造业、先进服务业，实现产业升级"，于是商家和消费者皆大欢喜。

商业竞争

如果仅仅把顾客驱赶到中高端产品就可以增加销售额，那企业之前为什么不做呢？最主要的原因是商业竞争。我们来看表4-2：

表4-2　商品价格模拟竞争

售价	3	4	5	6	7	8	9
产品	A	B	C	D	E	F	G
对手	a	b	c	d	e	f	g

假设你和竞争对手都是这样的套路,也就是用七种商品覆盖3~9元的市场。如果你想"异动",取消A产品,把原先3元买A产品的客户,统统3.8元赶去买B产品,这时,你的竞争对手突然将a产品降价到2.8元,你该怎么办?你无缘无故地涨价,就是给"细密织网"的产品线制造了一个漏洞,2.8~3.8元这一段市场是空的。而a卖2.8元,等于附近这一段的空间,所有的购买力、市场份额,都会被对方吸走。

为什么企业家一定要等到加成本时才能搞"提价升级"战略呢?因为这个时候竞争对手也不能将a降价卖2.8元了,因为成本不是a=3元,而是a=3.3元,如果继续卖2.8元,每卖出一件商品亏5毛钱,就会卖得越多亏得越多,而且这个亏损是不能靠销量弥补回来的。

有很多不懂经济学的人总抱着不切实际的"仇富"思想。他们设想,"加税加社保"以后,企业家先死撑,用利润填补费用,价格战被牢牢锁死;然后部分企业亏损到破产,被清退出市场;最后价格上涨,重新达到平衡。整个周期可能维持2~3年,而在初期,消费者是看不到物价上涨的。

但是,真实的世界却不是这样运转的,商家手里普遍都有六七八条产品线。商家对升级消费者也是不遗余力的,每天都想着掏空你的口袋,鼓励你买"限量纪念版"。只不过,商家之间有竞争,谁都想在品质上相差无几,价格上却能打6折,从而刷出一个爆款。但是你要升级过度,就很容易遭到竞争对手的重击。一旦"加税加社保",情况就不同了,因为成本发生了不可逆的上升。商家只要对视一个眼神,产品经理马上就可以确认"对方不会和我发动价格战"。这种情况下,你还等什么,明天就可以把价格调上去。很快,我们身边的小店就会发生一波升级潮,生煎馒头会飞快地全面升级为"虾肉生煎"。

涨价是第一波的,商家的反应是最迅速的,等到反应为消费者的收入,已经是最后一波了。

交工资卡还是加名字

// 男人需要事业，女人需要体面 //

💰 控制权

一个网友曾问过我一个问题："欧神，你说买房加名字重要，还是每月上交工资卡重要？"我的回答是："尽量加名字，不要上交工资卡。控制权比所有权更重要，所有权无非肉烂在锅里，以后都是孩子的，可是控制权处置不当，财会被败光的。"这是一个非常有趣的话题，其实企业中的控制权也是很多人的知识盲点，因此有必要展开来讲一讲。

控制权是什么？这个问题非常重要，但中国的投资者们对此往往很陌生，因为他们在第一课上就被带偏了方向，以后就只能任人宰割了。比如格雷厄姆在他那本《证券分析》里从来也不提控制权。事实上，产权只是一纸空文，控制权才是真产权，尤其是在那些大型企业里，更加明显。

💰 控股权

如果我们把规模缩小，缩小到一家中型企业，这个时候控制权等于控股权。香港和内地的财经媒体有很大区别，内地的财经媒体主要分析政策和业态，以宏观动向为主；而香港的财经媒体最主要的看点是控股权之争。49%和51%的股权是截然不同的！虽然它们在所有权上相差无几，可能只有2%的差别，但在资本市场中，例如收购大战中，这两部分的股价估值可以相差3倍。

为什么有这么大的差异？因为你拥有了51%的股份，你就可以控股，公司就由你说了算。这意味着你坐稳董事长宝座之后，就可以委派心腹了，总裁、总经理、部门经理……一级级下去，前后近百名中层和派系都会被换掉。当你控制整个公司以后，采购什么原料，按照什么价格采购，向谁采购，这里面都有很大的文章可做。

而拥有49%股份的"二股东"，虽然也可以尽一定的监督和抗议之责，但这个世界上的很多事，理论上是一套，"潜规则"就是另外一套了。董事长如果想换个供应商，那是很容易的，别人还无可厚非，一定有个冠冕堂皇的理由。

家庭事务中的控制权

对一些穷人来说，他们是没有控制权概念的。比如全家就只有一套房子，十六只眼睛盯着它，而且凡事都有人责问，甚至三姑六婆都可以插手，这时候是没有控制权的说法的，因为产权就是一切。

但是，随着你的资产越来越多，多到有了十六套房子，终有一天你会管不过来的。比如你的十六套房子都在出租，那么每套房子租客是谁、房租多少钱、这个月房租交了没有等事情，配偶一般是搞不清楚的。即使你的配偶十分强势，要求你编好excel表格，要求你定时更新、报告，那么，这十六位租客脾性怎样？租约到期后，每位租客可以承受多少幅度的加租？这些信息依然是非经手人就不能深入了解的。也就是说，配偶之间依然会分出管事人和不管事的人。

我的心法向来和寻常人不同。大家都有很多穷人的生活经验，以为买房加名字是了不得的大事，房产证一定要看牢。而我一般讲的是富人的故事，是从六套到十六套、上不封顶的故事。我告诉你的是：必要时刻，甚至可以放弃部分所有权来换取控制权。原因有三：第一，未受过精英教育的人往往会高估所有权，忽视控制权；第二，婚姻中做出必要让步，有利于婚姻的和谐；第三，控制权的油水很大。

你完全可以想象一下，当你完全掌握了家庭房产控制权，而你太太安心享有了所有权以后，会发生如下状况：你获得了自由支配该房屋以及租金的权利；你获得了在合适的时间出售或者买入的权利；你获得了抵押、加按、ABC单等权利；你获得了办信用卡、信用贷等权利。这些都是了不得的权利。如果你还不明白，可以看看我几年前写的《代持操作手册》这篇文章，当一切VIE（可变利益实体）都持在你手中时，你太太不就是个代持傀儡吗？而在代持中，残留给代持人的权益其实是微乎其微的。

💰 家庭和睦

以上所说的种种操作，好处是非常明显的。首先，你获得了高风亮节的评价，得到了丈母娘一家人的一致好评，因为女人需要安全感，而你就是安全感。其次，你获得了财务上的自由。无论租金还是抵押，都是现金，有非常大的技术操作空间。第三，你自己也获得了安全感。因为所有的事务都掌握在你手中，无论房价是涨是跌，你都可以及早做出应对，把命运握在自己手里。最后，有明确记录的大型不动产，一般都会传给子女，这点上你也丝毫不吃亏，而你的小金库也是大概率不会被发现的。

综上所述，把控制权捏在手里，给女方所有权，是非常理想的策略。因为男人需要事业，女人需要体面。

小白领的宁死不从

// 一人所失，即为一人所得 //

💰 一生为奴

还记得第一章"我命令，把钱赶到实体经济去"这篇文章吗？这篇文章在我的公众号发表时，就曾引起网友们的热议。750条留言里，骂声一片。我不知道已经说过多少次："一人所失，即为一人所得。"但看完这些评论后我才幡然醒悟，跟小白领是讲不通道理的，所以，我已经告诉他们经济学道理，他们却还在反复说："我购买力少了，中国内需会不足的，这样是不行的。"这种话语隐藏了一个前提，那就是，有些人默认自己会做一辈子白领。

我们目前这个社会，这个舆论场，乃至整个互联网世界，都是"白领视角"。"我们要求涨薪水，加薪是绝对正确的大好事。""我们要求医疗降价。""我们要求汽油降价。""我们要求彩电、冰箱、手机降价，性能每18个月翻一番。""我们要求高铁四通八达、干净整洁，车票易于购买，票价还不能贵。"然而，从经济学角度而言，以上种种要求都是错误的。

💰 白领视角

"白领视角"的意思就是：我是坐办公室的，工资就应该特别高，一个月两三万都不够花；而我的消费则应该特别低，所有的物价都必须降下来。从经济学角度看，一人所失即为一人所得。一个人的消费就是另一个人的收入。白领们去盲人按摩，两个小时消费118元，你的支出就是盲人按摩技师的收入。如果你渴望降价到98元，按摩技师就会降薪，就会活不下去，就会养不活父母家人。

白领们渴望医疗费、教育费、铁路费、餐饮费下跌，其实就是在克扣医生、教师、铁路工作者、服务侍应生的收入。所有的成本都是人力成本，一切价格都是劳动的交换，所以，干扰价格是毫无意义的。

💰 宏观经济学

如果你的脑海里全是白领视角，就很容易给自己整个人设，就很容易从自己的利益立场出发去呼吁执行一些政策，去限制一些价格。这种呼声几乎已经成了互联网的主流。

在真正的经济学者眼中，你这只是微观经济学，登不上大雅之堂的。在真正的宏观经济学中，宏观考虑的是国力，是国家整体，既把医生、教师、铁道工人、服务侍应生当人，也把90%从未发声的沉默老百姓当人。宏观经济学有且仅有一项目标：国力。一项政策，只要有助于解放生产力，有助于提高效率，增加产出，只要dT>0，就是好政策。至于谁受益、谁受损，宏观经济学是不管的。

举一个极端的例子。一家企业，要求员工每周工作80个小时，工资打一折。这种丧心病狂、极端有利于雇主的公司制度，只要有助于国力，宏观经济学者也会毫不犹豫地为之背书的。至于小白领们的高声痛斥，宏观经济学家会微微一笑，抛出一个问题："你不会去当老板吗？"

在宏观经济学中，是不存在雇员/雇主的划分的，更不需要刻意地去偏袒某一方，奥派只会回一句话："雇主回报高，你为什么不去当雇主？"

制度转型—生产力解放—受益受损群体并不相同—树挪死，人挪活；制度转型—生产力解放—受益受损群体并不相同—进入新的岗位，拉低回报。离开旧的职业。

这才是上乘佛法。

💰 地产佬

在我们这个社会，大多数白领都是仇视"地产佬"的，可以浓缩成一句话：95%的小白领默认自己一辈子都不会去做地产佬。

20世纪80年代，很多人做外贸，被称为"倒爷"。最终他们发财了，你父母看在眼里，酸得胃都扭曲了。那你也去做外贸啊，你也发财啊。"外贸是不会去外贸的，这辈子也不可能当倒爷的。"你父母这样教育你，好好读书，读到研究生，就相当于古代中举了。

20世纪90年代，经济特区起步，那时候办个加工塑料铅桶的小厂都能发财。你的父母看在眼里，酸得胃都扭曲了。那你也去办小厂啊，你也发财啊。"开厂是不会去开厂的，这辈子也不可能当小老板的。"你父母给你的教育，好好读书，读到研究生，这辈子家里就出头了。

21世纪初的互联网，10年前的房地产，近几年的微信、头条、抖音、人工智能，你成功地错过了所有的风口。究其原因，就在你父母教的那句"万般皆下品，唯有白领高"。所以，是你放弃了选择，放弃了多样性，为何还要抱怨时代亏欠你呢？

💰 蓝海时代

生产力时刻都在变迁。前面我们已经讲过，全美500强企业的平均寿命大概是35年。而中国的产业结构变迁更为迅猛，因为中国用40多年走完了差不多西方国家400年的历程。如果说西方国家企业的兴衰周期是35年，那中国企业兴衰的周期可能只有17.5年。你可以回想一下，2000年有哪些叱咤风云的公司？如今它们又身在何处？

一批批旧产业、旧媒体倒下去，一批批新产业、新科技冒出来。在整个职场中，最祸害你的或许就是那句："改行是不可能改行的，一辈子都得是个白领。"

99%的白领依然把幸福人生寄托在"老板给加二级工资，小组长升一级，呼吁打击奸商、降低物价，让孩子照抄你的一生"之上。这是何等灰暗和一眼望不到尽头的一生啊！如果让我给你一个建议的话：小白领们，千万千万要抛弃"白领视角"，绝对不能假设自己会做一辈子白领。因为人生发展无限，要学会用"老板视角"看问题，哪样东西贵了，不要去谩骂诅咒，而是想想自己改行去生产。

按我的建议，中国人在其一生中至少应该改行一次。注意了，不是跳槽，而是改行。彻底地转变行业，时间大概是步入社会加17.5年，以22岁毕业为例，也就是在38~42岁之间。千万记住，这件事不要咨询你的父母，他们在国企干了一辈子，连单位都没换过，哪懂得21世纪的生存方法。

程序员会不会失业

// 程序员是朝阳行业，还是夕阳行业？//

💰 程序员

现在社会上普遍有一种反程序员的情绪。同样是985的毕业生，我学机械，学工民建（工业与民用建筑）的，毕业以后5000元/月；你学电子工程的，进BAT，起薪就是20 000元/月。差距如此之明显，自然会让很多人心里不平衡，于是诸如"程序员是吃青春饭的""程序员996，就和当年的出租车司机、外企员工一样""程序员短期短缺，未来会像山东蓝翔那样大规模供应"之类的言论甚嚣尘上。久而久之，人们一说起程序员，就有一股悲观情绪，甚至程序员群体内部，对自己的发展前景，也是普遍悲观的。

2017年，经历了多年的扩招之后，BAT终于缩编了，新人一律"咔嚓"。在公司内部，一个个项目小组也是惴惴不安，一副大祸临头的样子。因为随着越来越多的软件被开发，公司越发显得人员冗余起来。一些软件的版本已经迭代到了7.0，界面已经美轮美奂，弹出一个窗口，都会有幻影效果，显然升级优化的空间已经不大。更为糟糕的是，公司内部已经搭建了"软件之软件""函数之函数"，简称函数库。

举个例子，最早时三维的画面换算，像人物的远近大小这些都是要你自己写算法的，因此3D游戏*Doom*（《毁灭战士》）的出台，就成了一件了不起的大事，每家游戏公司都要养一群精通3D的程序员。后来有一位大神把所有的三维函数统一写成了DirectX函数包，代码高度优化，高度精美，直接拿来用就可以了。这样一来，公司何必再养一个团队呢？

再比如说，20多年前流行的游戏《仙剑奇侠传》，那真的是一行一行代码敲出来的。游戏中，李逍遥想要见林月如，就要专门编一段"情话对话程序"。可是后来，随着《仙剑奇侠传》系列出了第二代、第三代，游戏公司老板渐渐发现，不需要每次都编写新的代码，反正都是RPG[①]游戏，拿过来把妖怪画面换一下，就是一个新的游戏嘛。再后来，游戏公司更是弄出了一个叫作"游戏引擎"的怪东西。现代的游戏制作业，根本不需要自己写底层代码了，而是更像我女儿玩的《我的世界》，它有一个编辑器，你把各个素材输进去，直接成了一个新游戏。

于是程序员开始抱头痛哭，纷纷哭诉："完了完了，没戏了，主程序都设计完了，我们可以回家卖红薯了。"

💰 制造

如果看完以上的内容，你觉得很有道理，于是回去踢掉程序员男友，那你就错了。因为接下来我对程序员的描述是：由无序变为有序；由非标准化变成标准化；"熵"的处理者。

首先说一说什么是"熵"。举一个最简单的例子，大家一定都见过铁钉。你可能不知道的是，在莎士比亚的作品中，有好几次描写过铁钉。这并不是说莎士比亚有多么热爱木匠活，而是在他那个时代，铁钉很值钱。因为在中世纪，想要打造一枚铁钉是一件很不容易的事情。你

[①] RPG：是英文Role-playing Game的缩写，角色扮演游戏，游戏类别的一种。——编者注

想一想，铁钉要磨得既细又薄，两端还要连接起来，不凝固，这都是要靠纯手工完成的。所以在工业革命之前，欧洲的家具连接用的都是木榫头，只有极少数富人才用得起铁钉。

工业革命以后，人类进入工业时代，铁钉马上就烂大街了。因为全自动制钉机每分钟就能制造300个铁钉，一天的产量就是一吨。其原理大概就是一根铁丝被机器一节节截断，然后自动焊接帽头。

工业机械看起来复杂，其实基本原理很简单，通常就是一个圆盘，转啊转啊，因此，工业机械非常擅长制造大批量商品。但是这千千万万个商品是一模一样的，至于"熵"的复杂度，几乎没有。

下面我们进行第二步，我不做铁钉了，我要做螺丝。前后会有十几个批次，每次的大小、斜度都不同，请问怎么设计？螺丝和铁钉的区别就在于螺丝是有斜纹的，因此，你要加一道工序，先在铁丝上刻纹路，然后根据参数，每次调整刻刀角度，最后再焊接。

接下来又有新要求了，也就是第三步。斜纹不用刻了，但是要在每枚铁钉上面刻上八卦符号。如果说螺纹还是合理要求，那八卦符号可就要让厂家为难了。因为这在前工业时代是无解的，只能靠人手车钳刨，难道还能把10万根钉子一一雕花？

最初的红旗系列轿车是没有办法量产的，因为汽车发动机的汽缸有七个出入孔，连环勾嵌，极为复杂。这种迷宫一般精密的高级部件，是靠八级铣工老师傅纯手工一点点磨出来的，因此，产量无论如何都上不去。

但是，这一切在数控机床面前都得到了解决，无论是三轴、四轴还是五轴，只要输入程序，就可以离开了，过一会儿再回来，就会发现离合器已经加工好了。

那么我们再进入第四步，给你一吨钢，一台数控机床，在你前面展示的是刚着陆在火星表面的火星车，请根据火星车返回的土壤分析、重力条件，自行设计一辆汽车，要求数据机床现场打印，打印完了，人就可以直接开走。这样的要求，数控机床显然无法完成，因为它只能打印设定好的程序，而要根据环境反馈算出设计方案，则需要极大的智能。

所以，从第一步制作铁钉到第四步，呈现给我们的场景越来越复杂。"熵"含量增加了，因此需要更高级的文明才能处理。

数码化

我举了上面这样一系列枯燥乏味的例子只是为了说明：程序员正在数码化我们这个世界，他们把整个世界，把机器不懂的方式，格式化成机器懂的方式。

机器的本质是"力量庞大，但属于智慧底层"。任何事务只要交给机器完成，效率就可以提升千万倍。但是机器的智慧却没有多少，哪怕是铁钉加纹路变螺丝，靠机器本身也是没法升级的。程序员的职责是给机器增加智慧，让机器可以完成的功能越来越多。有了数控机床和数控编程之后，机床就对铁钉、螺丝、螺帽无所不能，不管什么样的形状，都可以雕刻出来。

甲骨文前CEO埃克森曾经说过："甲骨文的数据库软件，市场份额已达到56%，但幸运的是，全世界只有20%的信息数据化。""数据化"三个字道破了文明的真谛。工业革命之前，由机器制造的铁器占人类的比重为0%；后来铁钉完全由机器制造；接着是螺丝、铰链完全由机器制造；再接着是发动机、汽车盖等复杂大件完全由机器制造；随后所有的铁器100%由机器制造，手工业几乎消亡了。相信在未来的世界里，诸如擦桌子、做糖醋排骨、教孩子写作业、驾驶宇宙飞船，都将被机器人认为是简单重复的标准化动作。

所以，人类的文明目前还处于非常初级的阶段，有太多太多的东西需要装进电脑里。从这个角度来讲，信息化社会至少还有100年，所以程序员永远有饭吃。

结语

我认为，目前的程序员走错了道路，他们痴迷于诸如网游、音乐、数据库后台这些虚拟世界，在这片红海里厮杀，因此才会对前途无比悲观，抱怨"程序员已死"。真实情况却是，市场对程序员仍有巨大的需求，但不是在线上，而是在线下。我们有太多的机器需要升级，比如研究重心的机器人、切菜烧菜机、图像识别，甚至控制无人机，随便抓住哪一项都可以发大财。问题是：象牙塔里的白面书生，你们懂得"侍候"机器吗？

失业和铁饭碗

// 弯弯绕绕，其实是情感 //

💰 失业现象

公元1380年，洪武十三年，大明朝的宰相们发现自己"失业"了。就在这一年，朱元璋下了一道圣旨，废除了持续2000多年的宰相制度。从此以后，朱元璋将直接面对六部百官，再也没有中间人赚差价。

大明朝的宰相们有没有惴惴不安？有没有抱怨连天？好像并没有。没有了宰相们的预审，朱元璋每天要工作十几个小时；到了朱棣，勉强还撑了一撑；到了第三代就不行了，于是宰相制度又偷偷恢复了，只不过不叫"丞相"了，叫"内阁大学士"，权力还比以前更大了。

宰相制度不能废除，是因为让皇帝每天工作14小时，他根本承受不了，必须有一个助理。换言之，宰相存在的土壤是文牍繁重，只要土壤存在，就一定要有宰相。

💰 草原

在中华文明2000多年的历史当中，很多时间都是在和草原游牧民族搏斗。匈奴、柔然、突厥、回鹘、契丹、室韦、女真……中原王朝取得了无数胜利，燕然勒石、亡胭脂山都好几回，可是始终无法将游牧民族根除。

因为中原/草原的势力分界线，地理上就是400毫米等降水量线，也是农耕区与牧区的分界线。出了张家口就是草原，无法耕作，养不活农民，生活在那里的人们自然习惯骑马生活。生产力得不到改善，中原王朝是不会对草原有野心的。

后来的故事就简单了，鸦片战争一声炮响，给中国送来了工业革命。有了铁路科技后，铁路可以一直通到库伦（乌兰巴托旧称）了。有了铁路做经纬网，游牧民族再也没有威胁，因为时代变了，草原轻骑兵的土壤不复存在。

清朝后期，还有一股势力大得吓死人，足足有几十万人，而且素质优良，组织严密，它就是漕帮。当时的清政府也对漕帮极为忌惮，几次三番想要予以瓦解或控制，却一点效果都没有。漕帮还是那么多人，而且自发围绕着几个"龙头"形成了紧密堂口。可到了清朝晚期，不等清政府动手，漕帮居然烟消云散了。因为技术发展，大轮船出现了。从江南到北京，走海运更省钱，京杭大运河一经荒废，便不能复起，运河都没了，漕帮自然也就散了。

司空

世人对于力量，往往缺乏真正的了解，分不清虚名和实利，自然也就分不清宰相头衔和构成宰相的力量。宰相无非一个虚衔，封谁做宰相仅仅是皇帝的一句话。有时候，一些很高的职位却一点权力都没有，比如太傅、太师、司空。有些时候，宰相又有可能是非常强势的。曾国藩只身入北京，功高而不震主，61岁善终，这背后不是慈禧的心慈手软，而是他背后有整个湘军。湘军既然没解散，谁敢动曾国藩半根毫毛？所以，当宰相背后的力量是他身后的势力时，则宰相就是无敌的。台面上的人物可以换，但土壤是永恒的，树大根深。

真正的铁饭碗

这节讲了这么多，并不是讲历史，前面的内容只是铺垫，我们接下来要讲的是职场和情感。什么是铁饭碗？很多人把铁饭碗理解为文凭和职位，这其实是一个误解。比如说，你家里年迈的父母，对你人生的期待肯定是：读个好大学，拿个不错的文凭；找一家承认你文凭的公司，找一个好工作；公司里混个头衔，社会有面子；在公司里拉帮结伙，尽量把根扎下去。

如果把你的父母作为原型，观察他们的人生轨迹的话，你会发现，他们这一代的办公室政治已经到了十分可怕的地步，一个眼神、一个语速都可以研究十七八次。可能你父母在单位里可谓是树大根深，没人能把他们这些"精致的利己主义者"剔除出去，然后有一天，企业倒闭了，他们扎根宿主一辈子的寄生虫囊——整间工厂，被人一锅端了，他们下岗了。

你的父母之所以结局这么惨，是因为他们混淆了一个概念。他们追求的是"宰相的名头"，而不是"宰相背后的力量"，于是就成了无源之水，无本之木。他们费尽心机，花一辈子追求的那些职务，其实是最没有力量的。当然，他们也踏空了房价。

我们其实生活在一个竞争激烈的环境中，竞争无所不在，尤其是改革开放之后，竞争就没有停过。因为竞争，所以所有的系统都要竭尽全力削减成本，增加产出，激发创新。整条供应链上面的每一个环节，都需要打磨，打磨，再打磨。对效率的追求使得链条上每一个臃肿的环节都不能够忍受。

20世纪90年代，外资企业进入中国，搞出了一个惊天动地的"40岁裁员"，让当时的国人颇为震惊。辛辛苦苦熬了十几年，好不容易凭资历混到了中级经理，却在40岁的时候收到一纸裁员令，让你到人才市场另找工作。这一切皆因为外资企业奉行"Up or Out"（不进则退），除了少数高管，几乎很少见到35岁以上的员工。"部门经理""总监"绝不是一个令人羡慕的目标，甚至不是让人停下歇脚的凉亭。你的一切价值来自你是一个高素质人才。你可以为公司创造价值，而且持续地创造越来越多的价值，这才是你可以领取工资、获取高薪、升职加薪的原因，而不是因为你的头衔。

所以，虚名一文不值，土壤才是力量。真正的铁饭碗是你要找到一个位置，在这个位置上，你可以持续地为公司提供产出，你的土壤基本盘就越不容易受攻击，则你的台前也越不容易受攻击。例如，专门负责和难缠大客户打交道的人、地级市的区域经理等。

我以前见过几个中层销售经理，无论公司派系斗争如何变化，他们自如闲庭漫步，日子总过得不错。秘诀就在于，他们是韶关、湛江、梅州这些地方的销售经理。这些地方的销售经理都是固定的，总部再怎么内斗，也不会派轮岗来这种地方。显然，在公司的生态位中，他们占据了一个非常有利的位置。

什么才是先进服务业

// 鞠躬弯腰，不是服务业真谛 //

💰 地图

如果你问别人："搞活经济，拉动内需，带领中国经济再创辉煌，靠什么？"相信很多人会回答，要依靠制造业和服务业。如果你接着问："制造业还是服务业？"很多人会迟疑地回答："好像服务业更有潜力一点。"等你再进一步问："什么才是先进服务业，微笑算不算？"很多人会更加犹豫不决，小心翼翼地回答："应该算吧。"

现在很多人对"什么是服务业"，尤其是"熵减"这个概念，还是一团糨糊，理解不了。那我们就举一个高德地图的例子。2018年10月，高德地图收获了其第1亿个日活跃客户。按照互联网界心照不宣的估值规则，每个日活用户大约价值100美元，这就意味着高德拥有了百亿美元的市值。

那么，高德地图是制造业吗？显然不是，因为它根本没有工厂，它有的就是在办公室里写代码的程序员，还有散布在各地的销售团队，所以，高德地图本质上就是一个轻资产公司。那高德地图是如何创造出如此巨大的服务业价值呢？是靠老阿姨们的关怀和微笑吗？显然也不是。

我觉得目前中文的翻译有很大问题，它把第三产业翻译成了服务。

一说起服务，大家总忍不住联想到饭店里的服务员，清扫街道的清洁工，东北澡堂子里的搓澡工。由于他们社会地位低，工资收入菲薄，因此被一些自以为高人一等的人瞧不起，连带着服务业也被他们看不起。

但在现实生活中，服务业完全有可能是非常高大上的工种，比如中国电信、中国银行、律师、医生、网红主播……高德地图之所以值这么高的价值，并不在于它像东北澡堂子里的搓澡工那样鞠躬弯腰，主要在于它卖出了信息。比如从首都机场开车到金融街，应该走哪条路线，在哪里拐弯，哪里出现了拥堵，哪里限行……只要你打开高德地图App，它就能够为你提供精准而及时的信息，而信息比微笑更宝贵。

解决问题

服务业从来都和微笑无关，它的核心是便利。例如，你想和远在千里之外的亲人联系，随时可以打一个电话。微信出现以后，更可以视频聊天。如果你必须去电信局，却打不通，无论工作人员如何微笑赔礼道歉，这都不是服务。

例如我到交通银行的贵宾厅，看到工作人员鞠躬的幅度，明显是受过非常严格的培训。然而，我到银行是寻求服务的，关键是我的贷款要能批下来，信用卡额度要高，理财回报率要高，这些需求不能得到满足，你光有微笑和鞠躬，不算服务业。

我有时候去三线城市，入住当地的"×××大酒店"，我能清楚感觉到，酒店是真心实意地想要提供良好的服务，但是它的服务却做得一塌糊涂，你需要的并不是大堂经理微笑而耐心的招待，一杯又一杯给你端上免费的柠檬水，而是需要他能快一点，因为都半个小时了，Check-in还没有办好，数据库系统一团混乱，或者是找不到订单，问一个授权，打好几个电话，慢得要死。

所以，服务业光靠微笑、鞠躬的好态度是没用的，而是要有真正解决客户问题的能力。

💰 创业的困途

我曾经疯狂地刷过抖音,渐渐悟出了一些门道。抖音上最多的是什么?是尬舞视频,估计能占90%以上。

尬舞这玩意儿,你仔细想想,它的门槛说高也不高。说高吧,是因为尬舞很不容易跳,拍一段好的视频,往往需要几个小时。拍摄尬舞的小姐姐,本身就要人美身靓,而且要踩准节拍,有没有舞蹈基础,专业选手还是业余选手,差别是很大的。更重要的是,还要有现场感,美女离上镜是差很远的,需要很多次的调整镜头,出现细微的瑕疵就要重拍。

但是另一方面,尬舞又是最简单的,因为它的低成本。原则上,只需要一个女孩,一部手机就行了。很多人就是在自己寝室里拍的,连背后的扫帚、拖把、漱口水杯都没有移开。这就导致跳尬舞的人特别多。穷人们都想低成本创业,时间对他们来说是廉价资产,是无所谓的,而其他成本则是高度敏感的,多请一个灯光师都不肯。

把这个思路推演出去,你来想想"创业"这个市场中的尬舞是什么?答案是微笑。很多年轻人创业,或开餐馆,或做咨询师,认为自己的核心竞争力就是微笑。因为微笑是免费的,无成本的,所以年轻人创业一般都很重视良好的态度,而对深度价值挖掘得却不够。

如果你问我,这些年轻人的创业能成功吗?我先反问你,抖音里的那些跳尬舞的小姐姐,能红吗?

养老只有一个解

// 缸中之水 //

💰 养老

随着人口老龄化的加剧，养老问题成为各国不可回避的问题，但在养老金的计算上，大部分专家都计算错了。

首先我们看一下传统的养老金计算方法，包括欧美数值高达几十万亿美元的理财规划行业，他们通常会给你建议：

（1）长期储蓄，拿出至少四分之一的收入坚持投资；

（2）分散投资，类似60%股票+40%债券；

（3）以金钱为主。

有的专家计算出养老金复合回报率必须达到6%才能覆盖养老生活。某专栏甚至宣称，"股票+债券"年均回报6%，可以保证你每月7500元的退休生活。

但是，我想说的是，以上算法全都是错的。那正确的算法应该是什么呢？如果不是6%，是否应该达到7%、8%，或者每月存款增投几百元，才能保障我们的退休生活？正确的回答是：无论理财回报率多少，都不可能保障你的养老生活。这就是所谓的精确的错误，计量经济学从头到尾都是错误的。根本就不是这个公式。

💰 财富的实质

很少有人会在经济学的层面上思考哲学问题。例如，从宏观经济学的角度看，财富的实质是什么？如果你问一个人他有多少钱，他可能会回答：口袋有300元，银行卡里还有30万元，一共300 300元，这似乎是一个精确的数字。你接下来再问他，300 300元代表多少财富，他估计会瞠目结舌，这就是一个数字，能代表多少财富？麦当劳的汉堡18元一个，一次吃两个，大概可以吃20年的汉堡吧。

普通人的短视就体现在这里，他们只能看到眼前的三寸，并预期整个世界只会以极其微小的幅度改变。他们认为汉堡就永远18元一个，最多涨5毛钱，一旦翻倍了，他们就会破口大骂。

在真正的经济学中，几乎所有的人类财富都是现在时，几乎没有任何商品可以储存超过3年。比如我们喝的酸奶，保质期只有3天；苏打小饼干，保质期15天；哪怕最长久的巴氏消毒牛奶，也不过才9个月。大多数内衣的磨损期是2年，皮鞋大概是9个月，电脑磁盘是3年，洗衣机是5年，中型教练载客汽车按照中国的法律是第12年强制报废。即使是耐用消费品，甚至大型机械，设计寿命往往也就十几年，航龄超过15年的飞机，航空公司也不敢让它再飞了。

以上种种说明什么？说明很多人对于财富的理解，是一种存量思维。还不如说我有30万元存款，目前大米是3元/斤，仓库里就有10万斤大米存着呢，物资和钞票也能一一对应起来。但真实的情况应该是，财富是一种流量思维，好比一个浴缸，一头在蓄水，一头在放水，蓄水代表生产，物资增加，放水则代表消费，物资减少。人类几乎所有的财富都是在两三年之内生产的，如果人类停止生产，两三年之内就会把财富消耗光。

我们读历史时会发现，历朝历代总会出现盛衰的轮回。比如说唐代，贞观之治和开元盛世让大唐帝国盛极一时，但到了唐代末期，就出现了天下大旱、饥民遍野的惨景，因为古代缺乏粮食存储技术，财富实际上是没有办法积蓄的。7年丰收，哪怕再多的风调雨顺，也过不了几年好日子。一年灾荒，只要一年就可以把存粮吃光，如果连荒3年，哪个皇帝都会遇到麻烦。

再比如美国的末日电影里，一旦小行星撞地球或者丧尸暴发，这时生产完全停止，人类只能靠超市里的存货存活。一旦生产断绝，即使你有几百万元的存款也毫无用处，金融资产并不能代表财富。

💰 金融财富的真正含义

你奋斗了一辈子，最后积攒下300万元准备养老，这笔钱在流量模型中代表了什么呢？答案是：代表一种财富索取权。爸爸辈有300万元储蓄，儿子辈产能30万元/年，儿子要上交10年的劳动成果给爸爸。爸爸辈有30万元储蓄，儿子辈产能30万元/年，儿子要上交一年的劳动成果给爸爸。没有爸爸，儿子辈产能30万元/年，儿子不用上交任何劳动成果给爸爸（适用于某些极年轻的国家）。这是全社会的货币体系，只要你承认货币，你就必须承受原纸币持有者的购买力，除非你另外发明一套货币。

💰 养老问题的唯一解

回到我们这节开始说的养老问题，我们讲一讲2040年的养老问题。到了2040年，如果你想要获得高品质的生活质量，物资消费、服务业消费充沛且廉价舒适，那你最好指望这个时候的中青年人口足够多，生产力极度旺盛。

你的名下有多少钱，养老金账户有多少余额，这是一个分蛋糕的概念，牵涉到你的份额。到了2040年，牛奶、酸奶、皮鞋、衬衫这类的物资生产有多少，这是一个总量概念。蛋糕做不大，大家一起完。

我们设想一个极端情况，假如所有中国人现在都不生孩子，所有人都及时行乐，然后将钱投入理财。那么到2060年，假设你已经七八十岁，而且全中国都是七八十岁的老人。只消费不生产，中国所有超市的库存在两三年内肯定吃完。在这种蛋糕为0的情况下，护工的价格是1万元/小时，即使你理财滚了几百万元，也只够花半个月的。

💰 微观解释

许多人都知道GDP公式，GDP=投资+消费+出口，GDP=农业+工业+服务业。其实还有另外一个更重要的公式，就是GDP=劳动人口×人均生产力。其中受科技水平所限，人均生产力有上限。目前，第三次工业革命的所有果实都已消化殆尽，欧美等发达国家每年不过增长1%~2%而已。

发达国家的GDP和劳动人口成正比，如果七八十岁的老人都没有孩子，没有中青年劳动力，那时我们的GDP会断崖式下跌。从微观上讲，GDP下跌，意味着M2/GDP急剧上升，缺少了人力成本，通货膨胀会涨到恐怖的地步。电视机2000元，安装电视机收费88 888元。宏观/微观在这里是打通的。宏观，所有物资，都是当代人生产的；微观，没有物资，M2/GDP通胀会极其严重。

目前大部分专家对养老问题始终局限在金融回报上，但是投资回报再高，甚至回报率达到10%、12%，数年翻一倍，那么，你可以控制年迈时的总人口吗？如果等到你退休时，正好迎来了人口的大断层，那你该怎么办？

结语

对每一个人来说，努力提高自己的理财回报，让自己的养老金多一点，到时好多切点蛋糕，这在微观上无可厚非。但要上升到国家的层面，解决养老问题，此法绝不可行，甚至整个社保基金的回报率都是无所谓的。对全体中国人而言，你退休时的养老质量，仅取决于一件事：生孩子，生孩子，生孩子！重要的事情说三遍。

人工智能救不了养老

// 再过 40 年，AI 才能达到昆虫级的水准吧 //

💰 信息时代

我曾在上篇文章中提到，如果老龄化越来越严重，而年轻人又不愿意生孩子，那么未来可能会有众多老人无人养护，结果文章发布之后，很多人评论说："30 年以后 AI 也普及了，请不起佣人，咱请机器人。"看到这种留言，我的太阳穴不停地跳，我就想问他们一个问题："如果30年后人工智能没有实现，该怎么办呢？"

AI 这种东西，听起来挺唬人的，可它对人类世界有多大推动，还真不好预测。至少目前来看，它对生产力的推动是肯定不如电脑的。电脑对人类文明的洗礼是全方位的、深入骨髓的，可即使这样，电脑的威力也没让你不耕不作就能饭来张口啊。

在过去50年里，人类80%的科技都没有任何换代，信息领域的革新不足以带动全社会发生颠覆性改变。再过30年，大约相当于 Windows 又出了10个版本的时候，难道你相信 iPhone XXV 会自己烧小龙虾？更为严重的是，我们今天谈论的 AI，很可能是一场骗局，它不仅连计算机的高度都达不到，甚至连 Wi-Fi 的高度都不如，撑死就是一台 PS4。

💰 AlphaGo

AlphaGo（阿尔法围棋）其实就是智商税，上次以"AlphaGo挑战李世石"所引发的AI热潮，我认为就是一场彻头彻尾的骗局。虽然Google公司保持了矜持和静默，也并没有把"狗"和"AI"牵涉在一起，但之后媒体的跟踪报道，则100%是错误的。

AlphaGo根本不是什么人工智能程序，其难度甚至连游戏机都不如。因为AlphaGo的本质依然是穷举算法，这是一条完全走偏的科技树。例如1997年，IBM的"深蓝"首次击败国际象棋冠军卡斯帕罗夫，用的就是穷举算法。国际象棋的分支也比较少，每方只有16个棋子，数十种弈棋的可能，计算机通过蛮力硬算，可以穷举到T+20步左右，后期甚至可以穷举到棋尾，而当你穷举完所有下棋的可能性后，你就战无不胜了。

当穷举算法侵入到围棋领域时，就遇到了麻烦，因为围棋的选择点极多，有361个可能性，普通的计算机预测几步就爆满了，而被渲染得神乎其神的"深度神经网络"呢？它的本质依然是穷举算法。

Google搞了一个小技巧，在数以千万计的未来可能中，并不依靠蛮力，每一条路都试到，因为AlphaGo会猜。例如，稍有点围棋常识的人都知道，在落后三子的情况下，一般就不用尝试了，因为无论双方棋力相差多远，哪怕是专业九段对一段，落后三子都很难追了。AlphaGo遇到这种情况，就自动判断这下面几百万条可能性全部为负，试也不用试了。

网上有一篇名为《当"心法"遇见"算法"》的文章，在文章中针对日本围棋史上著名的"耳赤之局"，AlphaGo给出了四种下法，每一种都比历史中最精妙的下法还要牛三分，但其最大的胜算也不过63.4%，并不是100%，这是不合常理的。

一个通透的人工智能，或者说已经穷举了围棋的所有可能、所有走法，则电脑给出的判断必定是100%，绝对没有第二种可能，但现在却是63.4%，这就说明AlphaGo还是"非完备体"。

很多人或许会有一个想法，如果让两台AlphaGo对弈，结果会是谁胜呢？答案是：看运气。因为目前的Alpha还是"非完备体"，它并没有穷举完围棋的所有走势，所以两台AlphaGo对弈时，它们其实是在围棋数万亿种可能中一步步试，每对弈完一局，它们就留下记录，"原来从这条路走下去，是黑/白胜"。

围棋的天地，广袤无垠，但AlphaGo躲在闲置的计算产能背后，利用人类无限的联网资源，只要时间足够久，最终"非完备体"也会变成"完备体"。Alpha的数据库如此完善，每一个分支都已经预先标明，电脑下任何一步棋都100%确信一定会赢，AlphaZero就走在这个方向。

💰 智能等级

花了较长的篇幅讲AlphaGo，主要为了阐明"狗"的原理依然是穷举，只不过是比较智慧的穷举。但再聪明的穷举依然是穷举，这不是量的区别，而是境界的区别，是恐龙时代—石器时代—能源时代—太空时代的区别。

穷举最大的问题是它不能应对变化。假设我们把围棋棋盘中抠几个窟窿，将其作为一个新的棋盘继续玩。在这种情况下，人类棋手是非常容易上手的，而AlphaGo就傻眼了。它几乎要把数据库里面花费几十年才累积出的数百万亿条对战记录全部重新算一遍，才能确定最佳概率。

人类的文明世界几乎时时刻刻处在变动之中，一套只知道机械式操作的机器是最初级的，智能=0，甚至还不如工厂里的切削机、锻压机和印刷机。

所谓智能，其实是灵活性。你可以在 19×19 的棋盘上稍加变通，挖个洞，或者将格子增加到 21×21，然后你依然会下，这才叫智能=1。你学会了围棋以后，别人只要告诉你象棋的走法，你就能无师自通，学会了象棋，这才叫智能=2。你学会了下象棋，顺便也领悟了小学奥数、《五年高考三年模拟》，然后考进清华北大，这叫作智能=3。

很显然，目前基于穷举法的全套逻辑框架体系，AlphaGo只能徘徊于智能=0的水准，而且还是无法救补的。

💰 高级智能

什么是高等级人工智能呢？这个领域目前国内根本就没人做，国际上也仅有少数的学术论文。高等级人工智能相当于"智能=1"那个档次，被称为"分布式神经网络"，这时就不再是信息学，而是生物学范畴。我们想象一下，一堆单细胞生物拼在一起，如何成为一个多细胞生物呢？你有很多个血团，很多器官，有的负责觅食，有的负责消化，有的负责输送红细胞，有的负责淋巴排毒。程序员编写了很多功能组团，彼此之间再预留数据接口，然后把这么多杂七杂八的细胞拼成一个生物体。在99.999%的情况下，这个生物体是会死亡的，而唯一存活下来的那个，才是下一代人工智能的雏形。

对于这一代"智能=1"的研究，人类发现基于传统的冯诺依曼体系是不可行的，因为冯诺依曼—图灵机是高度稳定的机器，同一个算法，你运行一百万次，其输出结果不会有任何改变。但是，精确冷血的"拼装生命体"很容易死，也不易扩展，你只要有一个数据接口不对，整个系统就宕机了。所以，未来的机器应该更接近于混沌热力学，有一定的秩序，但不必非得如此精确，这也就意味着我们要发展"非冯"体系。一整套的系统学科，绝不是一朝一夕可以完成的。最乐观地讲，再过40年，AI才能达到昆虫级的水准吧。

佛系少年

// 低欲望社会是一种病，它会传染 //

💰 佛系

身为父母，有时候看着我的小孩，我常常思考两个问题："教育孩子，最怕的是什么？什么样的孩子这辈子算是毁了。"这个问题我想了很久，最终发现只有一种情况是我无能为力的，即使以我的智慧、资源、财富，也无法挽回的，那就是他变得佛系。

什么是佛系？佛系就是"低欲望"，一个人变得没有任何欲望了。你让他做作业，不做；你让他读书，不读；你让他找工作，不干。每天回家就是把耳麦往耳朵上一套，一个人躲进房间听音乐，打电动，你即使把电脑砸了，他也无所谓。

我从来不怕小孩子有欲望，因为有欲望才好控制。比如你想看电视，当然没问题，前提是你把今天的作业做完，不但可以看电视，还可以吃水果零食。比如你想去越野、探险，没问题，你先考上大学，如果考上清华北大，我赞助你10万元去探险。有欲望的人，如果还有理性，还可以谈交易条件，这简直就是世上最好的合作伙伴了。

真正令人抓狂的是没有欲望，而且这种趋势已经逐渐蔓延。例如一些70后、80后处在上有老、下有小的年纪，公司还可以用升职加薪吊住他们，但是到了90后，随时可以辞职走人，什么加班，根本不存在。你语重心长地和他说："年轻人，要为未来而奋斗。"人家直接甩手不干了，宅在家里戴着耳机听音乐，每天吃两顿饭，生活简简单单，他们觉得挺好的。你劝他们买房子，告诉他们"年初不买房，一年又白忙"，可是人家只想住棚户草屋，根本不想改善住宅。

真正令人畏惧的是不和你玩。不玩就没有损失，也不会让你剥削。无欲、佛系就是无敌。

国家和事业

如果把佛系的概念推广到一个国家时，有时会让我们产生深深的无力感。我有一个朋友去美国逛了一圈，回来就说美国没救了，我问他何出此言，他说他发现美国人犯了一个很大的错误：藐视金钱。

以前，美国是一个金钱至上的社会，你打赏给门童2美元，他就会殷勤地帮你搬箱子；打赏10美元，他就愿意帮你熨衣服；打赏50美元的话，哪怕远隔六个街区的古董雪茄，他也愿意冒雨跑一趟，帮你买回来。但是现在，金钱不那么管用了。在美国，大企业家、亿万富翁、商界领袖，从来没像现在这样缺乏社会地位。美国真正的明星，青年人的偶像，是篮球明星、音乐制作人、好莱坞影星，你苦心经营几十年的生意，得到的不是别人的尊敬，而是老古董般的嘲笑。

另外，精英化似乎也停止了。在大公司里野心勃勃往上爬，排挤掉同僚和竞争对手，类似于《纸牌屋》里面那种场景的男性正在变得越来越少。美国人普遍地认同家庭和娱乐更重要，放弃高级经理的职位，安心当一名园丁，闲暇时摆弄摆弄烤咖啡炉不再是一种羞耻，几十万美元的年薪似乎也变得不那么值得追求。

💰 低欲望社会

低欲望是一种病，它会传染，所到之处，生产力被破坏得一塌糊涂。日本是第一个牺牲者，美国是第二个牺牲者，欧洲是第三个牺牲者，尤其是法国。

水库论坛的口号是"赚钱的秘籍"。我们整理出了一套办法，只要依照"心法"修炼，再加上一段时间的"负现金/负现金流"筋骨煎熬，总能凑上一波洪水行情，净资产便是翻倍。但最近几年，我们在传播这一"心法"的时候也感受到了困难，并不是赚钱难了，而是想发财的人少了。

你跟他说要看房200套，他抬头"哦"了一声，然后面无表情地低下头继续刷抖音。你说要抢"笋"盘，机会难得，他懒洋洋地回复你："我觉得少赚点钱也挺好的，我们真的需要那么多钱吗？"你说："我们要像打鸡血一样，负重前行。"回头一看，跟随的人却越来越少。

有时我就在想，不是我们的手法赚不到钱了。市场上处处都是商机，不乏像40年前的深圳一样的城市，具有百废待兴的潜力。真正的问题是"金钱的魅力降低了"。当我说要带着你发财，推着你共建美好未来时，你却还在低头刷抖音，"呵呵，都行，无所谓"，然后眼睁睁地看着商机、土地、财富溜走。如果你真的无欲无求，藐视金钱，甘于贫寒，那我就真的一点办法也没有了。

回过头来再看看我的孩子，如果将来他也沾染了这种"佛系传染病"，软绵绵得没有任何欲望和追求，那可真是神仙来了都没办法的事。

第五章

不确定时代的财富思维

WEALTH

守 住 你 的 钱

读书时代的消亡

// 落后的教育模式 //

💰 读书时代的消亡

让我们回想一下，我们当年上学时读书的主要模式是什么？是不是一个老师在台上讲解，几十个学生在台下老老实实地听课、做笔记？但是仔细想想，为什么需要一个人在讲台上念诵呢？录一段视频岂不是更好？

孔子被誉为中国最伟大、最杰出的教育家，但在他那个时代甚至是没有书的。"学富五车"指的是竹简装满五辆车，每次出行都让用人推着，要论知识含金量，还不如今天一部Kindle。

一直到明代，我们的出版业都是不太发达的。至于图书馆，更是高档设施，全国只有天一阁、玉海楼、五桂楼等寥寥几处藏书阁。因此，古代的学堂，只能去现场听老师念诵。

但是，工业革命之后，人类文明急剧发展。德国人古腾堡改良了印刷机，书籍的价格以肉眼可见的速度在下降。虽然中国工业革命的时间较晚，我在读小学的时候，老师们还在鼓励低年级学生用高年级学生留下来的旧书。等到我读初中的时候，所有的课本已经廉价到十几元一本，你甚至可以早早买齐所有课本。等上初二的时候，你已经把初二、初三，甚至高一的所有数学课本都看了一遍。老师在课堂上讲的内容你早就知道了，因此你会觉得很无聊，为什么老师要把自己已知的知识全部再念一遍呢？

教育视频

机场候机楼里永远放着的某些人的成功学演讲，录像技术远远比现场讲课更先进。因为可以在中间穿插很多特效，可以旁征博引，可以有音乐，有煽情，一堂课可以拍得像Discovery（探索）频道的大片一样。

视频技术已如此发达，所以在我的眼里，上大课或几百人坐在报告厅里听老师讲课，是一件完全没有意义的事。如今的科技十分发达，完全可以买个投影仪，把老教授的课程录成录像播放，从此不用他们再口干舌燥地一遍一遍地讲。

这个趋势就像是电影出现了以后迅速淘汰了法国戏剧一样。因为再好的戏剧，始终都是小剧场，预算有限，观众有限。只有电影，才能拍得出气势磅礴的大型场面，这在艺术史上是变革性的里程碑。

我们只需要数家公司建成中央服务器，定时更新视频分发到各地即可，所有学生自行下载和观看。学校也不需要了，因为在家都能看，哪怕是山村学生，也可以聚在电线杆下蹭着Wi-Fi看。

学校

有人可能会问，那学校还有什么用呢？除了体育课、社交课等"武课"之外，"文课"在我看来还有三大功能，分别是考试、答疑和战略。如果让我当校长，我会把所有的课时都改成考试，一学期20周，每周都是考试，一堂课也不上。

在我看来，"教+授"这种事是根本没有必要的，基础学科读旧稿、看录像即可，每个孩子都乖乖给我回家看录像。然后，重点是考试，每周一考，一学期就是20次考试，考试的结果就能甄别出你在家有没有用心在听。

我准备N份试卷，分为ABCDEFGHIJ等级，难度依次递增，看你能做到哪一级。等你恰好考到80分时，就到了至关重要的环节，也是增值服务的重点：问答。我会问你："这份卷子，你懂了80%，20%不懂。哪些问题不懂？为什么不懂？""当你做这道习题时，你是怎样想的，你为什么判断AC和BD是平行线？"

问答才是手把手教的环节，是一个一对一的服务，收费非常贵，几百元一个小时。老师完全针对学生的弱点和掌握程度，有针对性地解决他的思维盲点。如果采用这样的教育模式，你会发现，其实我们的教师不是太多，而是太少，这种"考试—问答"消耗的教师人力资源，远远大于传统的"授大课"方法。

"授大课"是在知识分子资源短缺时代不得已才采取的粗放式教育方式。目前的教育改革，有识之士都在喊小班化，很多国际学校已经缩减到一个班级只有12~14人，但是再小的班级，又怎么会小得过一对一呢？所以"导师—学徒"式的辅导，才是明智的选择。

💰 名师的价值

古语说，教师的职责是"传道，授业，解惑"，放到今天就是"考试，问答，战略"。其中的"考试—问答"是一个循环，老师不断试探你的深浅，补齐你的短板。

"战略"又是什么呢？"战略"就是你的未来。老师只能带你到毕业，后面的路得靠你自己走了，但是，我可以大致告诉你，路径在哪里。就如同现在的知识付费，很多教育界人士对此不屑一顾，称它们为

"碎片化阅读"。在知乎上也是吐槽居多，因为你花钱买了无数课程，似乎每一个课程都有用，但是合在一起却没有任何帮助。这里面的关键是什么呢？关键就是"战略"。你缺少一个框架，把赤橙黄绿青蓝紫这七种色彩拼成一股白光，而不是弄得五颜六色，乱七八糟。高等级的框架，也就是"战略"，就需要导师帮你设计了，类似于"博导"。

互联网时代的教育

任何静态的知识都是没有价值的，比如我在公众号发的近千篇文章，就算通过纸媒、音频、视频等渠道反反复复地卖，也一点意思都没有。在我看来，真正有价值的，永远都是"问答"。赚钱本身就是一场考试，随着你买第一二三四五六七八套房子，难度越来越大，你会发现新的疑问纷至沓来。大量没掌握的技术，都是我没写到的，而我开通了"知识星球"，通过付费问答来解决你在实战中的困惑，这就是"问答"的意义所在。

学徒制的返潮

// 有一个时代，可能永远也回不去了 //

💰 学徒制

中国古代流行"学徒制"。"学徒制"的一个重要特点就是一切手艺都是秘而不宣的。哪怕编织一个竹筐，打造两个板凳，篾匠、木匠的工艺也是秘而不宣、传子不传女的。一个人如果想当学徒，就得先去给师傅打工三年，这三年是没有工钱的，三年期满以后，师傅才会教你一点点技艺，至于那些压箱底的本事，也是一概不教的。

徒弟出师之后，又会把这点技艺视若珍宝，也秘不示人，非要等自己的徒弟给自己打工三年以后，然后再克扣点核心技术，传给自己的徒弟。因此，中国古代的技术普及得十分缓慢，在有些情况下，比如工匠突然身故，那就有失传、退化的可能。

后来"学徒制"被"教科书教育"所取代。一个班级几十名学生，再高深、再精髓的学问，在课堂里统统都能学到，贫家子弟也可以接受跟富家子弟一样的启蒙。科学以极快的速度普及，知识从未如此廉价，听起来是不是很伟大？但我想说的是，如今的"教科书教育"正遭受着迅速地破坏，也逐渐日暮西山。

我们的教科书已经40年没有大的变化了。我当年读大学的时候，计算机教科书讲的是Fortran77，一门20年前的语言，备选的则是COBOL。让人大跌眼镜的是，当时市面上的主流已经是C++了，甚至连Java都出来了。20年后，当大学老师们准备学C语言了，市面上早就是Python、Go和Scala了。

教科书永远比时代落后，也必然比时代落后，因为越来越多的知识点，根本不在教科书上。商业中的知识点就更加隐蔽，不为人所知了。深圳那么多理发店，为什么熊辉就可以脱颖而出，做成连锁？诸多业务中，毛利最高的是哪块？预付费卡，到底有哪些利益？这些零零碎碎的知识，"法不传六耳"。

随着太平盛世的延续，商业的积累，企业手中的知识只会越来越多，最终把校园淹没。试想一下，如果你聘用的员工，学业完成度只有30%，还要再经历6~8年的培训才能上岗，那么整个社会的组织架构会怎样变呢？

社会变革

随着知识比例的失衡，必将带来社会的变革，比如学徒制的返潮。

首先，雇主会要求更牢固的契约关系，而不是像今天这样松散的雇佣关系，员工今天说离职，明天就可以去另一家公司上班。一个学徒到你手里，短则三五年，长则六七年，你才可以倾囊相授。教出去的东西那么多，那么复杂，所以，学徒有轻微的背叛或离职，都是不可接受的。

企业会想很多办法留住员工，比如给很多期权，但是工作做满五年才可以兑现；或者像美国大企业那样给高额的养老金，但一定要工作到退休才能领取；或者像日本企业那样建立行业工会，所有跳槽者都会被列入黑名单。

此外，从公司跳出去另立门户也很困难，因为90%的知识并不在公开市场上,绝不是你读一本研究生物理教材后就能造汽车的,而且并不是每一个行业都愿意倾囊相授。欧美国家在20世纪80年代常说一个词叫"企业固化"。经过几十年发展,大公司已经深沟壁垒,挖好了护城河,完全不可能从正面击垮,而它们对初创型企业却拥有压倒性的技术性优势。

最后,基于血缘、关系的乡族纽带将会复兴。既然技艺不在公开市场,仅在师傅们中间口耳相传,那传给别人还不如传给子女。其实,职业固化的趋势早就发生了,铁路学院的子弟未来还是吃铁路饭,石油大学的毕业生大概率是回家接在油田工作的父母的班。公开教学式微,学徒制返潮,引发种种社会现象。

眼界那些小事

// 天地之间，其犹橐龠乎？//

💰 眼界

在这个社会，眼界低就会被人耻笑，和金钱一样，贵族和寒门的眼界起点从来就不是相同的。

在电影《泰坦尼克号》中，露丝的妈妈无论如何也不同意女儿嫁给杰克，非让她嫁贵族未婚夫，因为她非常清楚："你那去世的老爸，除了一个贵族头衔，没多少财产留给我们。"这时的露丝妈妈其实处于一个非常危险的境地，她依然保持着贵族的身份和生活印记，也可以轻易地出入上流社会，但母女二人依然可能因为缺乏养分、缺乏收入而迅速枯萎。露丝妈妈之所以拼命反对女儿嫁给杰克，是因为她们此刻已经一无所有，唯一保留着的只有眼界，而这正是复兴的希望。一旦露丝嫁给杰克，跟着杰克搬到贫民窟，那她所有的眼界和贵族习气都会烟消云散，大概率也没有能力再传给下一代。等到那个时候，露丝子女的社会阶层真的要下滑了。

中国已改革开放数十年，你会发现那些出人头地的人，有很大比率还是当年的书香门第、簪缨世家子弟，因为老一辈从小就将整个世界运转的规律灌输给了子孙。所以，家学方面，从来就是不平等的。

💰 开拓和耕耘人

有些人一毕业就接管了父亲经营了三四十年的企业，对这种富二代，人们一般是报以羡慕的目光。一个人，或者整个家族，或者整个社群，生活在这危机四伏的荒蛮杀场，其实有点像游戏中的"开地图"，已知的区域是亮的，未知的区域是黑的，每个人都有自己的一亩三分地，都有熟悉的生活范围，主场是自己掌控的。好比你接手了父亲的一个杂货铺，去哪里进货，去哪里批发，这些都是不传之秘，父亲将这些眼界传授给你了，你的地图就是明的。在明地图之内做事，毫无压力，但跨出了地图一步，就是黑暗的地界，这时就需要自己开拓了。

人的能力其实分为两种，一种是耕耘，一种是开拓，两者的含金量是不同的。每个人都有一盘现成的业务，你如果在舒适区反反复复做，看起来收益也很高，赚钱也很多，但其实你的业务模式属于耕耘。而某些人出于某些原因，不得去开拓荒原，这就是披荆斩棘了，哪怕开辟一个外地分公司，新开一条产品线，都需要十倍的努力。

💰 开拓的鸡汤

有些人在大本营混得如鱼得水，可是一脱离主场，马上陷入人生地不熟、水土不服的窘境。所以我们做生意时，一定要分清楚耕耘和开拓的区别，只有不断地开拓，业务线才能越来越长。

你年轻的时候不拼，难道让你儿子再拼吗？你年轻的时候不迁徙到大城市，难道让你儿子再迁吗？你年轻的时候整天混日子，每天下班以后喝得醉醺醺，浑浑噩噩地待在舒适区。你家隔壁老王却一心一意苦读MBA，混了个硕士文凭，然后落户大城市，省吃俭用参与各种投资，努力打造自己的开拓区。你嘲笑老王走出去也没赚多少钱，可等到哪天你的舒适区被打破，你就会知道开拓的重要。

马尔萨斯陷阱

我们已经知道耕耘和开拓是两条道路。开拓的艰辛远超耕耘，而且初期回报也差不多，那为什么我们还要进入新市场，拓展新产品线呢？因为长远来看，耕耘有一个马尔萨斯陷阱，几乎任何一个传统产业，最终都会死掉，好比农田不增加，而农夫无限增加，最终就会落入马尔萨斯陷阱。

钢铁、煤炭、电力、交通，任何一个产业一旦成熟，无一不是供大于求，毛利率全都是往下走的，最终的结果就像电影《暴雪将至》中段奕宏扮演的那个钢厂职工一样，每天的日子过得很舒坦，可是不知不觉中，钢厂就倒闭了，他就下岗了。

结语

有人在"知识星球"上问我："欧大，上海小微公司，今年第九年，给大企业提供管理培训外包服务。亲身感受是，钱越来越难赚，人力成本高企，但订单价格持续下滑，民企客户订单基本没了，上市公司和500强客户的预算也被砍得厉害。这种情况究竟是经济转型换挡呢还是持续衰退呢？"我的回答是："九年了，你的产品线都没有改过，你让我说什么呢？"

在这个世界上，一辈子不动脑的人是占绝大多数的。大多数人都是在现有的疆域深耕更肥沃的土地，只有少数人肯走出蛮荒，去九死一生地创新。

主角般的成功

// 999块拼图,只缺你一块,可能吗? //

💰 主角光环

我们先来回忆一些美国大片的剧情。

电影《魔戒》:当所有人都在和半兽人拼死厮杀时,只有一个废材主角,什么技能都不会。他的责任就是握住一枚戒指,并"抗拒戒指的诱惑",只要他做到了,就能拯救全世界。

电影《第五元素》:土风水火,所有人都苦思不解,废材主角对着塔吹了一口气,有了风,便解开了谜团。

电影《星球大战》:里面完全不可抵挡的终极武器"死星",最终是被一个11岁的小孩用一枚导弹直接从通气井炸毁的,而主角要做的,仅仅是闭上眼睛,使用"念力",让炸弹不偏不倚正好炸到爆点。

看多了这样的电影你会被洗脑,认为现实生活中也会有主角光环的存在,而更可悲的是,你还把自己当作了主角。

董事长助理

1998年，我刚大学毕业，在学校里我拿了很多竞赛奖，堪称天之骄子。可当我走上职场时，却对大学生涯如何衔接职场人生一无所知。你问我，大学毕业最想应聘什么职位，我的回答是："董事长助理。"

你要说梦想，那肯定有的，谁不想36岁赚15亿，谁不希望杯盏觥筹之间谈定几千万大生意，从此叱咤风云，天天都上财经头版呢？可是你要问怎样用最快的速度达到商界精英的标准，我当时能想到的只有做董事长助理。

整间公司中，成长最快的就是董事长助理。你是给董事长拎包的，是董事长的影子，董事长走到哪里，你就跟到哪里，能够接触内外机密，知道客户和资源。董事长开什么会议，你都能参与其中，适逢其会。下属部门的报告递交上来，董事长回头问："元芳，你怎么看？"你如果有什么商业想法，一声令下，马上就可以在全国40个城市铺开，很快就能看到效果。所以董事长助理这个角色，只要五六年时间，就是另一个董事长，最差也是韩剧中的常务。

可当我踌躇满志地到人才市场上去寻觅时，你猜我看到了什么？负责外贸跟单的业务员、仓库管理员、负责和养猪场对接的财务、市场部管培生品牌学徒……全是这样的职位，根本没人把你当主角培养，因为董事长助理这个位置的唯一人选，是董事长的亲儿子。

你要在市场上"解毒"很多年才能醒悟过来。电影、电视、文学作品一直在灌输着"你是主角"的毒鸡汤，现实却狠狠扇了你一记耳光。你并不是主角，虽然父母溺爱你，影视作品给你洗脑，但在现实生活中，你只是个外贸跟单员，工号38。

现实生活中，不会有999个人形成一块拼图，只等你填进去发光发彩，释放潜能。世界不是绕着你转的！认清自己不是社会的主角是成长的第一步。

💰 司马懿式成功

这个世界的真实规律叫作"奶头乐"。好比你是游戏公司的职业经理人，你要考虑场景的贴图，纹理效果，多人在线服务器负载均衡，投放电视广告、平面媒体的引流效率，玩家的攫取成本，平台的分账扯皮……这其中的每一件事都是枯燥乏味的。VR虚拟社交平台绿洲Oasis，其实是在游戏部门工程师们海量的加班中才存活下来的，每个游戏经理都明白，仅靠一个点子就能"赚取"整个天下是不可能的。

整个世界的真相更接近于司马懿式的成功。司马懿篡夺曹家天下时已经70岁高龄，他隐忍了40年，可谓是呕心沥血。司马懿的反面，是项羽式的成功。项羽是在巨鹿之战时达到人生巅峰的。问题是，纵观整个中国历史，项羽式的成功也只是孤例。对绝大多数开国君主来说，创业都是一件十几年甚至数十年累积的辛苦事。

如果有人向你推销的事业是主角那般容易，你就要提高警惕了，因为现实不是童话，你不是主角。

加速度的公平

// S代表最终积累的财富，V代表积攒财富的速度，a代表V成长的速度 //

人生长度

首先，我们举出一个常数：S，我们可以用S代表财富，或者资产，或者金钱，或者享受，体现的是你人生的成就。不同的人，S是不一样的，比如勤奋的人，S就会高一点，懒惰不愿冒风险的人，S就会低一点。而导致"赚钱速度不一样"的方法，我们称之为V，代表一个人赚钱的速度，向上爬的速度。

我们不谈终点平等，我们这里只谈速度平等。你的家庭可能比我富裕，你家里存款有100万元，我家里存款只有5万元，但是我996，你955，我赚钱的速度比你快，十几年后我就可以超越你。在今天，S不同已经逐渐被大家接受，追求V相同成了意识主流。

速度

我的助理曾写过一篇名为《考试才是不公平》的文章，在文中，她振臂高呼:"所有人的上升速度(V)相等,是不公平、不可能、不正义的。"于是就捅了马蜂窝,几百条评论大部分是抨击她的。

有些事看着很难理解,但是如果反过来讲你就会明白。假设真的实现了V相同,一个乞丐的儿子和一个将军的儿子拥有同样的上升机遇,那是怎样一种情况呢?我们来看一个真实的例子,这个例子发生在美国。

美国的教育一般都有巨额补贴,因为美国实行全民教育计划,穷人家的孩子如果难以负担高额学费,就会有人给他提供税务优惠、低息贷款,甚至干脆豁免学费。但是穷人家的孩子生活在贫民窟,整个地区的犯罪率居高不下,没有人肯好好读书,于是这些人又帮穷人家的孩子搞"居者有其屋"计划,还你一张安静的书桌,让你好好学习。

即使这样,穷人家的孩子仍然不上进,甚至和小混混在一起。因为没人辅导他做功课,成绩也一塌糊涂。于是帮助他的那群人又搞出了"反歧视计划",保证每所大学都必须按照一定比例录取贫民窟的学生。

可是,哪怕你勉强把贫民窟的孩子塞进校园,放水让他们毕业了,他们也找不到工作,因为没有企业乐意雇用一个学习成绩差、整天和小混混在一起的员工。

强制性地给予每个人平等的机会,这是不对的。这种做法的关键错误在于否认了储蓄和积累的作用。

假设有两个人是同班同学,他们一起毕业,成绩也差不多,甲每个月赚3000元,乙每个月赚4000元。终于有一天,甲忍不住了,他怒气冲冲地找到乙,质问他:"大家做一样的工作,凭什么你的收入比我高1000元?"乙回答说:"你每天两包烟,每包烟20元,如果这些钱省下来,10年可以买一辆车。你上个月刚换了一部手机,而我的手机几年没有换,我所有的钱都在余额宝存着,每个月多1000元复利,你说公平不公平?"

如果强制甲和乙都必须是每月3000元的收入,那就否认了储蓄的意义。从牙缝里省下一点钱，不就是为了更好的发展吗？凭什么被忽略？往大了说，不仅仅是一个人的积蓄，还包括他父辈、祖辈，整个家族世世代代的积蓄。比如祖辈辛苦开了一个工厂，凭什么儿孙不能分享花红？如果富人和穷人的孩子都必须站在同一个起跑线上，那富人还有什么理由去储蓄？如果中国失去了高储蓄率，结果不敢想象。

这个世界真正公平的，应该是加速度a相等，也就是游戏入场权平等。

加速度

当我们承认V速度不平等，承认有钱人的孩子赚钱更容易时，就能够在可预见的未来中发现：金钱的绝对值差距只会越拉越大。但我们需要坚信一点，那就是相对值会越拉越近。

财富因为利息可以产生速度，但是它不能产生加速度，用很简单的数学就可以证明。如果富人家的孩子每天花天酒地，加速度a就会是负值；相反，你非常努力，哪怕起点弱小，但是加速度a也是正值，那么"富人家的孩子/你"，相对倍数肯定是越拉越近的。

富人家的孩子能够继承很多钱，而且还在以很快的速度赚钱，但只要相对倍数在逐步拉近，终有一天，你是可以追上他的。尽管这个"有一天"可能长达100年，可能会间隔四五代人，但是这又能怎么样呢？难道非让你这一代追上富人家的孩子才算真正的公平吗？

爬阶不是一两天就能完成的，需要整个家族的几代人前仆后继，孜孜不倦地持续勤奋。香港曾推出过一个真人秀节目，叫《穷富翁大作战》，轰动一时。富豪田北辰体验了五天清洁工的生活之后，感叹："在强弱悬殊的情况下，只有弱者越弱，越来越惨。"因为穷人的弱，是全面的弱，不仅是金钱的匮乏，还包括思想、眼界的全面匮乏。

节目中还有一位女清洁工，每天需要打四份工，精疲力竭地回到家以后，只有半个小时可以陪伴子女，而且她自己的文化水平又低，辅导孩子作业的可能性微乎其微，请问她如何才能翻身？我的答案是：一点一点向上爬。虽然她每天只有半个小时陪伴孩子，那就尽量在这半小时给孩子最好的陪伴。就算她本人文化水平不高，但也要尽最大努力去辅导孩子。至少她的孩子以后不会是清洁工，哪怕去读个中专，将来做个营业员之类的。再下一代就可能读大学，到曾孙一代，这个世代勤奋的家族难保不会出律师或者医生。

勤奋力

有人问："加速度a如何定义？如何计算？否则还是空口白话。"其实很简单，用公式$F=ma$来表示，其中F指你的勤奋程度，m指你要背负的人。

有些富二代，虽然祖辈的家业都交到了他的手里，但是他整天花天酒地，不懂得经营。尽管S很大，滚动赚钱的速度V也很大，但是只要他任人唯亲，企业迟早会被他管得乱七八糟，V速度逐渐减速，最终为零，甚至是负数。

而对奋斗一族来说，F是个很大的正数，相应地，家族兴旺，事业腾飞，a也是一个很大的正数。对m而言，有些人是"扶弟魔"，家里的一切都要给弟弟，有的人是"凤凰男"，还要照顾整个家族的七大姑八大姨。如果背负了太多的人和事，导致m太大，那负重前行的你也很难起飞。

结语

财富因利息可以产生速度,但它不会产生加速度。加速度是真正公平的,加速度的唯一来源是外力F,想要勤奋,还是得过且过,这件事是很主观的。既然命运是自己选择的,那就是公平的。记住,祖孙三代的平均勤奋值决定了你的财富。

富翁每天可以花多少钱

// 富人每天的花费不会超过净资产的0.01% //

我曾发过一条微博，大意就是：一个3000万元身家的男孩在相亲时，吃一顿饭会花多少钱？下边的评论吵翻了天，有各种说法：有说2万元的，有说200元，还有折中2000元的，那到底是多少钱呢？

💰 败家子

首先我要告诉你们，"2万元"这个说法肯定是错误的。也许你会感到惊讶，一个身家3000万元的人，吃饭花2万元不是很正常吗？如果没花2万元，这个男孩甚至会被某些人定性为"抠门""渣男"。但我想说的是，花是花得起，但是不能这么花。非要求人家这么花的话，你这是在"吃大户，用大户，消灭大户"，你没有站在大户的角度想问题。照这个速度，3000万元可以花多久呢？假设每天花4万元，一个月就是120万元，3000万元只够花25个月，也就是两年多一点。

那些买彩票中了500万元的人，那些因为拆迁一夜暴富的人，多半会在三年内把财富挥霍一空。天降横财，总得买套大房子、买辆好车吧？亲戚朋友也要分一些吧？得学有钱人的做派，红酒、雪茄、貂皮大衣……一样都不能少吧？但是，奢靡的生活是个无底洞，你没有有钱人赚钱的能力，早晚坐吃山空。

净资产3000万元，人均2万元，你的确是眼睛都不眨一下，但这是一种不可持续的做法。大户想要积累起三五千万元的身家，需要几十年的福报，走读书这条路的话，甚至需要几代人的接力，一点点从小县城往大都市发展。在一个败家子手里，日均4万元，两年多时间就把祖祖辈辈的积蓄败光，这种行为是不可接受的。

同样的道理，很多女孩抱着不切实际的幻想，对实力和回报也缺乏数量级概念。她们认识一个身价3000万元的富人以后，恨不得只花半年或者一年，就从人家身上撸1000万元下来，然后过起名媛、贵妇的生活。显然，这种女人并没有和大户过一辈子的打算，而是希望尽快吸干他的血，再去找下一个宿主。可是，富一代可不傻，傻的是你。

数量级

有人会问："你写了这么多，那身价3000万元的富人，到底每天花多少钱？"答案是每天0.01%。关于这个答案，首先我要解释一下"数量级"的概念，虽然这个概念很普遍，在我们身边几乎无所不在，但几乎没人深入思考过它。

以地产人最熟悉的房地产交易为例：交易成本约10%，中介费1%。这个"数量级"的概念在许多场合都有对应的解释，如表5-1：

表5-1 "数量级"概念解释

30%：致命的打击	财富本身
10%：交易成本的上限	财富的迁徙
1%：中间人费用	打理佣金
0.1%：误差	精度之外
0.01%：每一天的增值	小费

30%是个槛儿，任何机构一旦失去30%，就很难补回元气，会导致永久性地、规模可见地缩小，因此-30%是一个机构衰落的征兆。

10%是交易成本的极限。交易的本质是A换成B，财富并没有减少，只不过做了更好的配置。10%是资产转移与迁徙愿意接受的成本。10%也是很多税制订定的基础，例如什一税、销售税、离岸金融的实际所得税率。

1%是中介的数量级，一两个百分点，请个中间人或财务顾问。中间人并不提供实际商品，仅仅提供信息和从中撮合。中间人拿1%这个数量级，奠定了众多的现代服务业，如基金、投行、律师、中介等，这类人必须提供艰辛的服务，才能分得一杯羹。

0.1%是误差。误差的意思是你不心疼。如果问哪个数量级你不心疼，一般是0.1%。1000万的净资产，被人偷了1万，你只会心疼三小时，睡一觉就好了。为了做生意而产生的误差，往往在视线计算之外，"跑冒滴漏"一般都发生在这个数量级。

0.01%是日赚。对大部分人来说，每天的资产收益率至少有0.01%。千分之一是不心疼，但会造成影响；万分之一就是一天的收入了，可以肆无忌惮地随便花。普通人一天的开销，都集中在这个数量级。

持家

对富人而言，我的建议是：每天的花费最好不要超过净资产的0.01%；每年的花费，则不超过3.65%。按照正统的欧美理财学操作手册，一般会建议每年的消费不超过4%，上流社会、遗产继承者，如果穷奢极侈，每年的消费超过4%，恐怕就会导致阶层下滑，甚至最终耗光你的财富。

值得注意的是，之所以把4%设为底线，并不是因为"国债-股票"投资组合的回报率在6%~8%左右。真实情况是通胀率12%，你投资回报率仅有6%，每年还要花掉4%，那你的财富会以每年-10%的速度缩水，用不了几年，你就会被社会"洗干净"。所以真正的算法是，你要保证X%的回报率，然后再花掉4%，才能纯靠理财存活，其中的算法很复杂，这里就不展开来讲了。

如果富人想得长远，想把3000万元传给子孙，想世代都保持着殷富状态，那他每年只能从中抽出很小的一部分来使用，金额大约是每天0.01%。同时还要谨慎理财，谋求高回报，才能不伤害本金（资产类进出一律不算，指纯消费）。所以，身价1000万元的富人每月只能花3万元，而身价3000万元的富人，每月可以花10万元，而其中还包含了长期摊销的项目，例如小孩子的学费、出去旅行一次、一年一次的物业费和取暖费等。这些都不是现付现结的东西，平摊到每一天，也是很可怕的。按照我的估算，长期摊销大概可以占到你支出的50%。

如果一个帅哥和父母共有3000万元资产，那他一个月可支配的金额是15 000元，平均到每天就是500元。出去请女孩子吃顿晚餐，人均200元的确是常态。如果一个成年男性独立拥有3000万，则他每月可以花9万元，扣除长期摊销后，每晚可以花费1500元。那么他可以营造一个比较高大上的氛围，去人均500元的餐厅，即便如此，恐怕这和女孩心目中的欧巴还有很大的距离。以此类推，一个单身成年男性若独立拥有1个亿，那他每晚可以花5000元。女孩子可以用这个方法反向推算一个人的身家，以免在刷期望值时不要错得太离谱。

最后我再提醒一句：如果对方是"水库系"的，主要靠"水库心法"堆积房产房贷起的家，那么以上种种花钱标准要一律打二折！

给你1000万元，你要不要

// 经济学的精髓，就是代价，就是放弃 //

💰 口红效应

前段时间我刷抖音，一口气刷了八个小时，从晚上躺下一直刷到天快亮。我一边看，一边哭。

为什么哭？我后面会讲，我先来举一个例子。假如经济不景气，你的收入被降薪20%，年终奖也泡汤了，那么请问，你的消费会发生怎样的变化？对这个问题的回答，绝对不应该是削减20%的消费，这样回答的多半是心智不成熟的小孩子。因为世界从来不是铁板一块，永远是一个结构化的行情。

我们可以把消费分为：基本需求（吃饭、保暖），改善需求（下馆子、当季流行）和奢侈需求（珠宝、私家司机、豪门宴会）。如果你的收入降低20%，你第一步砍掉的肯定是奢侈性消费，比如手表、钻石之类，毕竟不是生活必需品。

于是，当你的收入下降20%时，你的基本需求变化为0%，舒适需求下降20%，奢侈需求降低40%，这在学术上被称为"光圈效应"。奢侈品这东西，就好比下图5-1中的最外一圈，和半径R^2成正比，购买力稍有萎缩，奢侈品行业立刻完蛋。

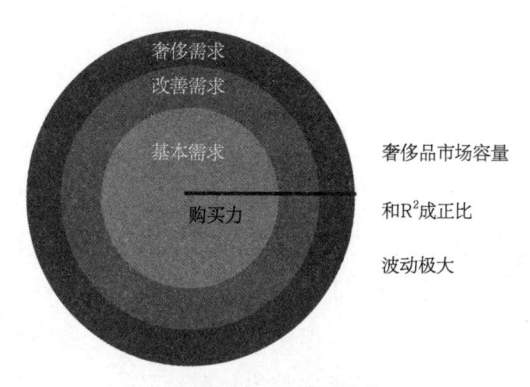

图中文字:
- 奢侈需求
- 改善需求
- 基本需求
- 购买力
- 奢侈品市场容量
- 和R^2成正比
- 波动极大

图5-1 光圈效应

你看完这套理论,是不是若有所悟?既然珠宝、洋酒、钻石之类的产业都是劣质产业,那我是不是应该专注于卖馒头、大饼,才是稳妥保险的生意啊?如果你这么想,那就又错了,因为在经济景气的时候,"光圈产品"也是呈指数增长的。也就是说,在枯水期,销售额萎缩为百分之一,但是如果反过来,撒哈拉的雨季,销量也会翻100倍。当你处在一个挥金如土的年代,非必需的奢侈品是最大的受益者。

很多香港人炒股都买地产股,恒生指数四分之一都是地产股。真正熟悉香港金融市场的人还知道,还有一只地产权证股,它就是美联中介(01200.HK)。当地产行情稍好的时候,中介(包括管家)这个行业的收入是呈3次方指数增长的。行情好的时候,房价较高,也就增加20%;交易量较高,业绩增加20%;佣金比例较高,业绩增加20%。

只要稍微有点牛市行情,房价涨20%,美联中介的收入就可以增长120%的3次方。同理,如果地产跌入熊市,美联中介的业绩也会呈现雪崩般的下跌。所以,与其投机于房价,博地产股的涨跌,还不如下注在中介股,享受大起大落。

💰 楼市类比

如果把"口红效应"推演到楼市，对应的商品是什么呢？是"老破大"。比如现在的上海楼市行情不算好，成交冰冻，客源稀少。如果你的房子达到了200平方米以上，总价区段上去了，买家就更为稀少了。如果房价再高，甚至质量老化，堕入"老破大"领域，就几乎无人问津了。

是不是听起来很令人泄气？但别忘了，此时是严重枯水期，想一想撒哈拉的雨季吧，几乎所有的大户型当年可都是一手房，都曾是土豪才能买得起的。在市场旺盛，总价约束不明显，梯次换房税费较低，社会攀比心理严重的阶段，大户型的价格是远远高于小户型的。也就是说，当地产松绑，限得没这么死，奢侈性消费被激发时，"老破大"的反弹要远远优于刚需二房。

💰 社会科学

我们把思路再延伸出去一段，进入社会科学领域。本文一开始，我为什么刷了一晚上抖音，边看边哭呢？因为我看到了幸福，他们怎么可以这么幸福！不管是"海草，海草"，还是李宇春的"DI-DI-DA，DI-DI-DA"，他们怎么可以玩得这么开心？每一个人，不管是梳着丸子头的小姑娘，还是满满苹果肌的少男少女，还是花痴一般、拗成S型的"一字马"，他们的脸上没有皱纹，没有烦恼，没有苦难，没有拼搏，没有压力，他们只需右脚踮起，左脚飘移，跳蝴蝶步，跳踢脚舞，没心没肺地玩就可以了。

我18岁时在干什么？好像是在拼命看书，72册的白话版《资治通鉴》，我花了整整一年半才看完，后来又看了第二遍。当20岁的少男少女在抖音里互视，画出同心圆，大派狗粮的时候，我好像还在看书。代表着中国计算机极高水平的系统分析师考试，每年全国能通过8~10人，存量不超过100人,我就是在20岁那年考过的。时针再往后拨,到了25岁,就是抖音里的气质御姐们穿着旗袍跳古风歌曲《离人愁》的时候,我已经背了几百万房贷,负重前行了。

问大家一个问题:给你1000万元,你要不要?绝大多数人听了都会两眼放光,伸手去要。但这些人都想错了,他们对于1000万元的理解,都是"我现在的生活不变,你再给我1000万元"。你以为是保留所有的快乐,仍然像现在这样吃着火锅、玩着抖音,每天无忧无虑,再给你1000万元?哪有这等好事,其实我问的是:让你失去所有的快乐,换取1000万元,干不干?

我们的现实世界,可以说是"神魔皆以血饲",你想要1000万元、5000万元,甚至几个亿,不是让你坐在家里继续Happy,然后平白无故地给你,而是要付出代价,要放弃些什么。经济学的精髓,就是代价,就是放弃。

为了这1000万元,你可能要像电影《红海行动》里的杨队长那样,到战场上去每天出生入死,要饱受苦难才能得到这笔钱。如果你想向我学习,走楼市这条路,也是可以的,但你需要20年完全没有快乐。前10年,你几乎每天都在学习,你要在混沌迷惘的世界中找出一条路径,找出赚钱的走法,所以,别人都在玩的时候,你永远都在图书馆。后10年,是刻苦的修行,无论是背负数量众多的房贷,还是使用大量的信用卡、信用贷,都是严重"反人性"的,负债的滋味和存款完全不能比,且会严重损害你的健康。这样熬20年,换取1000万元财富,你愿意吗?我相信大多数人是不愿意的。

被厌弃的财富

在这个社会,哪怕你已经明明白白告诉对方,只要艰苦20年,就能换取1000万元,大多数人恐怕也不会相信。因为追求卓越这种品格,并不是每个人都具备的。随着时代的趋于和平，要人民追求极致、优秀，将会越来越难。和平是勇气的"枯水期"，把追求卓越的意义大大贬值。如果你去西方深入生活过一段时间，就会立刻感受到这一点。那里的工业社会生产力极为富余，人们只要简单劳动，就可以过上衣食无忧的生活，哪还有理由让人每周工作70个小时呢？而且你奋斗了，也未必能让你的生活质量得到质变式的提高。

从社会科学角度看，"和平—战乱"类似于"枯水期—丰水期"。长期的和平会抹去一切追求极致的努力，因为任何追求勤奋、追求卓越、追求极致的自制力，都是生存竞争极为残酷的环境的产物。

抖音刷多了，我极度悲观。我害怕再过几代人，当你告诉10后、20后"水库"的全套手法，告诉他只要照做，吃苦20年就能成富人时，他却懒洋洋翻了一个身，告诉你，不要挡住他刷手机。

商家杀熟，该不该谴责

// 经济学太复杂，你不懂的啦 //

💰 大数据

2018年有一个新闻引起了轩然大波，直到现在仍有人在讨论：携程、滴滴、京东等大公司利用大数据"杀熟"。举个例子，假如你是一家酒店的钻石金牌客户，信誉良好。有一天你想订一间房，你打开App，发现房费是400元。你觉得有些贵，于是拿起媳妇的手机试试。她从来没装过携程App，也没有信用账户，结果发现她手机上显示的房费竟然是300元。这就是大数据交给科技公司的结果，他们并没有因为你的忠诚、长期使用而优待你，反而因为你的直爽、信任、高额积分，狠狠宰你一刀。

当时的媒体口诛笔伐，现在仍时不时提起。普通人也学乖了，会货比三家，看哪家公司更诚信，再下单。这些都无可厚非。但是有些媒体却为此呼吁相关部门出手，一定要遏止商家的不良行为，为用户做主，监督价格中的漏洞。对提出这种建议的媒体，我想对你们说：全错！

💰 竞争

先说我的一条重要结论：携程的偷偷加价行为，其实是降低了房费或票价的。我知道，对此很多人肯定非常难以理解。

我还是举例子，假设有个顾客A，比较谨慎，买什么都会货比三家；还有个顾客B，大大咧咧，不拘小节。最初，携程给A和B的定价都是100元，公司能收入200元。后来在大数据的加持下，携程偷偷地给粗心的B涨了价，A仍定价100元，B改为了104元，于是公司的总收入变成了204元。你是不是认为携程从消费者的身上搜刮了一笔？如果你这么想就错了。

让我们回忆下教科书上是怎么说的："各行各业都有平均利润率。利润太高，会导致竞争对手加入，会摊薄利润。"携程的确可以在价格上做手脚，因为消费者是无知的。好比我在京东上买东西，1000元以下的商品胡乱买，从来都分不清楚实惠和价格。商品那么多，消费者是肯定斗不过商家的。但是，有人可以算得清，是谁？是竞争对手，是华尔街报表，是商家自己内部的高管。全世界最了解家乐福的，一定是沃尔玛，拼货架，拼采购，每一个沃尔玛货管，都可以清楚地说出5千米内其他超市同类商品的价格。华尔街的基金经理们，鼻子比狗还灵敏，毛利率的轻微波动，都躲不过他们的眼睛。自己企业内部的高管，更是高度了解企业的人。

如果携程通过大数据偷偷给客户加价，那么第一个发现bug的，一定是阿里飞猪、腾讯美团的程序员。事实也的确如此，当媒体还在懵懂打听时，业内心照不宣的提价技巧早已不是携程一家的专利，京东、滴滴也纷纷跟进了。同行才最懂同行，而同行竞争的最终结果，就是"竞争加剧，利润摊薄"。

💰 竞争的结果

大数据可以甄别出粗心的B，公司可以向B收104元。但实际情况是，携程短期内确实可以借此增加利润，但随着阿里、腾讯、携程、京东这些公司大打价格战，携程会不得不给用户让利，利润最终还会返回给消费者，这叫作"消费者剩余"。

你以为通过大数据推算后，A付出了100元，B付出了104元，公司总共收入204元，而实际情况是，不久以后，A付出了98元，B付出了102元，公司的总收入还是200元。竞争会把价格打下来，暴利并不能持续太久，而且200元这个值是锁死的，永远不会增加。

所以，携程的价格歧视，其实是消费者之间的利益再分配，是A剥削了B。

💰 生产力

奥派喜欢举"你有一个苹果，我有一个梨"的例子，苹果换梨，物质并没有增长，而幸福和社会总福祉却增加了。同样的道理，对企业来说，虽然收入永远是200元，但同样的收费，A=100，B=100和A=98，B=102，两者的效果是不同的。

举一个最典型的例子。最初的网络游戏收费都是月卡制度，你花35元可以买一个月的会员，买半年只需要180元。无论你是初级菜鸟，还是死忠粉，收费都是一样的。但渐渐地，游戏公司学聪明了。现在的网络游戏几乎都是免费的，游戏用户的99%是免费用户，1%是付费用户，而网游公司就靠这1%的用户，撑起了全部的成本。这是一个再伟大不过的创举，所有人都玩得很开心，而整个游戏市场扩大了10倍都不止。

同样是1000万元的营收，你向普通人收和向土豪收，消费者的感受是不一样的。普通人只负担得起电费，你让他每月拿出1000元买装备，他会觉得非常痛苦。土豪对此则不在乎，只要玩得爽，一套装备可以花好几万买。网游公司可以在这1%的重度消费者身上，收回几倍的费用来。

同样的道理，很多行业的表面价格看起来是无法长期维系的。例如上海的文峰洗发店，洗剪吹一个小时，才收你30元。按理说，上海的人力成本如此之高，再算上店租，无论如何都生存不下去的吧？但是店里可以卖美发套、养护套餐，哪怕只有十分之一的客户为此买单，那也足够了。正是靠着这些高利润的升级产品才支撑得起让平民30元理一次发。

如果我们仔细观察，还会发现一个有趣的规律。凡是可以"薅羊毛"，动辄提供"低于成本价"服务的绝大多数都是在新产业崛起的高科技公司，而传统企业依然在算一笔糊涂账。这是因为高科技公司往往也是数字化公司，先天拥有大数据资源，可以把客户区分为A=98，B=102，而98+102和100+100有很大的不同，普通人少掏2元，换土豪多掏2元，有很大的不同！如果禁止歧视化涨价，就相当于让所有网游公司统统退回到卖月卡的年代，不啻为是生产力的大倒退，恐怕那时携程的基础房费就会由300元涨到320元。

💰 结语

你以为网络公司通过大数据分析你的时候，是在重点分析你的收入、教育背景、年龄和支付能力吗？不是的，大数据分析最重要的一项指标是你打开一个页面的时间。如果你买个水杯只看了三秒钟，就匆匆忙忙地下订单，那你肯定是B类客户，会在价格上给你涨一点。如果你买个杯子，要把六张图片都看一遍，偶尔还要放大，然后出去研究八家店铺后再回来，还要仔细阅读留言评论，那你就是A类客户，价格必须给你最优。

天底下的事是很公平的，你多花时间就少花钱，你多花钱就少花时间。

尾部效应

// 徒子徒孙 //

💰 罪恶之城

像纽约、伦敦、巴黎这样的大城市，常常被人诟病为"社会不公"。你想想看，一面是高耸入云的摩天大楼，亿万富豪聚集着不可想象的财富，一顿饭可以吃掉普通人一年的收入；另一面在摩天大楼的阴影下，相距不到几千米，就是成片的贫民窟，公园里、桥洞下住满了买不起房的流浪汉，他们还在为一日三餐发愁，甚至吃一些无营养的淀粉食品。那么，大城市是否真的特别不平等，是否都是贫富分化的温床？答案当然是否定的。

大城市的贫富分化，恰恰是因为它最公平、最人道、最符合经济学规律。我们来设想一下，假设有很多成功人士、很多成功的大企业聚集在一个大城市。这个城市我们叫它"天空之城"，这里必然有更多的财富，更多的就业岗位以及更高的工资。因此，周边相对贫穷的城市的人们就会源源不断地涌入"天空之城"，而这个"源源不断"到什么时候会"截止"呢？最基本的经济学原理告诉我们：边际效益相等之时。也就是说，一直到人们在这里找不到工作，工资被压低，物价沸腾，生活惨不可言，待在这里和待在老家的生活没多大差别时，人们就不会再涌入了。

这时回到关键性的经济学第二步：人口停止涌入时，"天空之城"的工资是多少？如果拿纽约举例，答案就是2000美元，和在底特律的工资差不多。因此，我们可以看出一个二元悖论。如果给纽约画一张贫富分化图表的话：上限=无限，下限=2000美元（人数=很大）。

好莱坞那些顶级流量的明星拍一部戏就可以拿几千万美元的片酬；华尔街的一些投资人如果投中"独角兽"企业，收益更是惊人，收入的上限，几千万是很正常的。而收入的下限是锁死的，下限永远是2000美元，也就是全美人民的平均收入水平。

用这套"上限无限，下限锁死"的理论去观察全世界，你就会发现，全世界任何一个大城市，都是贫富高度分化的。这句话的反面绝不是"剥削、压迫、歧视"，而是"仁慈、正义、公平"，毕竟只有边界开放的城市，才会遭此骂名。

在这个地球上，能做到贫富差距不大的国家，一般都是岛国或是城邦制地区，例如日本、瑞士。这些地方无一例外都采取了非常严格的边境制度，其他贫困地区的人口要想偷渡过去，可谓是千难万难。

水库之尾

之所以会写这一节，是因为在"知识星球"上，我经常会遇到一些小白问题。比如："装修到底要多少钱？为什么我妈装个厨房就花了七万元？为什么我爸说一套200平方米的房子装修就得花200万元？"再比如："我在深圳很多地方买了房子投资，2016年3月以后买的，两年来的涨幅大约只有20%，刨去利息基本没赚钱，而且月供估计支撑不住了，怎么办？"

看了这些小白问题，我气得想砸电脑。就拿第二个问题来说，两年才涨了20%，而且资金成本又那么高，说明这个网友办事粗疏，完全不用心。不论他做什么事情，都是会失败的。凭什么是你赚钱？任何一个行业，有利润就有人加入，其最终结果必然是社会平均回报。你想赚大钱，要靠赚超额利润。关键是专业，专业，专业！我强调过多少次：每个环节做好1%，累加起来就能做好20%，就能碾杀普通人。

正所谓"业精于勤，荒于嬉"，赚钱的核心是专业化。可现在有一些人，做起事来毛毛躁躁，就简单地记得几条"水库"原则：买了就对了，贷到就赚了，钱不够可以去融资。然后他们就敢搞出来15%的融资成本。如果你问他，优化了没？你尽心去做了没？他们的回答一概是没有。你告诉他们水库的基本功是"看房200套"，不管去哪个城市，在你做决定之前，都需要耗时数百小时，先看房200套。你要比当地土著更了解这个城市，要比房产中介更精通当地的价格体系。可当你问他们的时候，大多数人却连50套甚至30套都没有看满。他们经常用"马马虎虎，差不多就行"来安慰自己，匆匆忙忙看了十几套就着急下定金。你买入时不能"笋"到极致，赚钱少了可别怨"水库"。

接下来又有多少人能精心呵护自己的资金成本呢？我讲得很清楚，资金的分层里，成本最低的是信用卡，年率不到4.5%，其次是亲友的内部借款。可在"分答"社区向我提问的人，问到信用卡的大概只占10%，大多数人问的都是信用贷。搞到五六十张信用卡以后，光每个月的"空当接龙"，就是一件考验细心和毅力的活，能滴水不漏做完的人，将来一定前途远大。而信用贷就简单多了，只要去银行申请，分分钟批你30万元。由于申请简单，金额庞大，是懒人的最爱，最大的缺点就是贵。信用贷的正规利率是13%，如果你用它构建初始资金池，那你的资金成本必然是很贵的，加权动辄就会超过10%。然后你来找我哭诉，说不赚钱，说辛辛苦苦都是为银行打工，说借了18%的高利贷现在连利息都填不满，你说你能怨谁？我都不舍得用13%的信用贷呢。你越是贫穷，越应该用勤奋去弥补贫穷。

还有一点我是真心不能忍受，为什么越是穷的人越爱装富人？动辄就花100万元去装修房子。一定要选最好的金丝楠木，家具清一色黄花梨的，电视机不能低于85英寸，买一把椅子都9万元。在我眼中，1500元/平方米的装修都太奢侈，888元/平方米就够了。你今日省下一分，他日才可以多赚一分，谁的钱都不是从天上掉下来的。

结语

我夜观天象，看到一根线，从大地直通天际，一头是月薪2000美元，一头直通天际，那就是富贵的分界线。我毫不怀疑"水库"的故事最终会以"新会员不赚钱"或者"加入也不赚钱"结尾。那些脾气暴躁、毛毛糙糙的人，哪怕整个地产行业再赚钱，也经不起他无效率地滥花。最后外界又会冷嘲热讽，说什么"房子也不赚钱""水库也不赚钱"。他们只看见了泥塘，却看不到天际。尾部效应，向来如此。

真正的技术

// 北大清华的学子,如果一辈子只为买一套房子,无疑是可悲的。如果买100套房子,那就成了艺术 //

💰 画生

我有一个朋友名叫"画生",算是90后中的佼佼者。曾有一段时间,画生渐渐陷入了迷惘,在独立破阶的道路上越走越远,甚至哀叹起了"人生出头困难"。

在一篇公众号文章中,画生哀叹道:乔布斯在车库中就改变了世界,用奇妙、弹跳的代码,构建了iPhone科技,使得人类可以远隔万里通信,可以用云存储照片和音频;而我们呢,我们只发明了拼多多和抢红包,在"两件八折"和"59元包邮"之间打转,这是何等令人沮丧的局面啊!因为境界相差巨大,人家是艺术,我们就是庸俗。

💰 手机

我想告诉画生的是,他所知道的一切,全都不是事实。我从2004年开始用多普达S1，一直到2007年首次接触到iPhone。当我看到iPhone时，整个人都惊呆了，因为我不能想象，怎么会有人使用这么落后、这么丑陋的手机。

当99.9%的人还在使用诺基亚双屏，带着笨拙的键盘，命令行式的输入时，多普达系列早就是触摸屏了，而且还有可视化按钮和手写输入，无数App自由下载和安装，屏幕还是6英寸屏。而iPhone没有给我任何新的体验，因为iPhone上所使用的一切全都不是新技术，而且对我的两大主流要求"逛房产BBS"和"看碟"也无法满足，它只有狭小的屏幕，拍照、音频也毫不占优。

直到有一天，我不小心把手机屏幕敲坏了，于是我去换屏。在当时，液晶屏还是个稀罕玩意儿，换屏修理费大概花了一台iPhone。于是我明白了，低端细分市场还是有客户的。

iPhone从来不是技术先进的手机，甚至可以说，乔布斯研发出iPhone的时候，使用的全都是市场上已有的框架。他真正的创新之处是把价格控制在了600美元！手机市场上有贵东西、好东西，但是穷人用不起，所以当智能机降到600美元以后，这个市场才出现了爆发式增长，才引发了全球几亿台的出货量。

你以为乔布斯是一个技术天才，其实他不是，他是一个经营管理者，是一个营销天才。10年以后，中国出了一个"雷布斯"，当他跑到香港上市，开玩笑般提出"对标腾讯乘苹果"的口号时，引起人们的一阵讪笑。但真正内行人士都知道，苹果的撒手锏是供应链，小米的撒手锏也是供应链。"雷布斯"是第一个做出"千元机"智能手机的，使用的也全都是市场上已有的技术。你要说什么IOS生态圈，可我只用微信、抖音，IOS多久没出爆款杀手级应用了？

💰 折枝

在古龙的《浣花洗剑录》中，日本剑客踏浪而来，挑战武林盟主白三空。在白家山庄门口，日本剑客挥剑切下一段树枝，交给门客。白三空盯着树枝苦思冥想一番，留下遗言，安排弟子们各奔东西。

看到这里你会想，一段树枝有什么好看的，值得留下遗言？如果你自己拿一把小刀切段树枝，你就会明白。因为树枝本身是有韧性的，刀刃在空中，如果时间过长，就切不断树枝。而树木本身又是有纹理的，如同战斧切牛排一般，横切毫不费力，竖切则损伤刀具。如果你能在一挥刀之间，瞬间形成一个"白"字纹路，你想想，这是什么功力？这就叫内行看门道，外行看热闹。

同样的道理，在地产这个领域，如果一个人说他有100套房子，然后我们发现都是全款，其中不乏CEO盘，甚至还有旅游地产、包租商铺、五六线县城的房子，一定会心生鄙视，说一句"土豪钱多"。相反，如果某人说："小弟不才，小有建仓，请勿见笑。"然后我们发现全都是限购、限贷城市，全都是低首付规划好民宿出租无敌景观奉送露台花园地下室不溢价双地铁超低价笋盘，一定会倒吸一口冷气，称赞道："这真是艺术。"这其中的关键区别，就在于你懂不懂行，能不能"内行看门道"。

💰 真正的技术

人世间的一切美好，都是技术，而你却只懂得其中的1%。画生看乔布斯，觉得iMac非常高科技，拼多多非常Low，但是在我的眼里，拼多多简直就是一个圣殿，而iMac才不值一提。

虽然经过很多年，中国人渐渐知道了"酒香也怕巷子深"，不再是20世纪80年代"只要产品好，绝不打广告"那样的观念，但是思想并没有完全得到净化。现在依然还有人坚持认为生产中的技术才是真正的技术，而销售中的技术就不算技术。你把显示器从1024×768提高到1920×1280，一群人顶礼膜拜，说你是大师。相反，你想出在线销售，想出按需生产，先有拼单后有下单，如此天才绝伦的想法，居然没人认为你这是技术。

市场经济中的任何东西都不是免费的，企业的竞争是全方位的竞争，一切能让毛利提升的计划都是技术。

结语

我们的教科书从来不教真正的技术。很多大学生毕业以后，把可以写很复杂的代码、可以算DES128的加密哈希当成技术，把懂得这些技术的人看作牛人。他们不知道的是，真正的技术是批发市场控制各经销商如何不窜货，是发货以后如何确保应收账款和追债讨账，是在香精提高1个等级和成本上升0.02美元之间痛苦的抉择，是信用卡和信用贷科技树，这些都是学校从来不教的。这个世界上最可怕的事情，是你"不知道自己不知道"。

记住，能在菜市场中看出经济学，从网游中看出心理学，从200套中看出"笋盘学"，才是真正的艺术之旅。

中产的力量

// 6亿中产登上历史舞台 //

💰 青海

1999年冬季，我去了一次青海。在青海的东部有一个湖，名叫青海湖；在湖的中间，有一座小岛，叫作海心山。当年的我对路况一无所知，坐了一班凌晨5点的车，119千米的距离却开了21个小时。青海的时区要比北京晚一个小时以上，临近终点的时候，天色也渐渐黑了。草原上的天黑，是墨绿色的黑。车辆宛如开在火星，往往要大半个小时才能遇见一个蒙古包，遥远地矗立在地平线尽头，要极尽目力，才能稍微望见旗幡。

车辆在行驶过程中，司机打趣地说："要不就在这里把你放下吧。"我急忙说不要，因为我知道，把我扔在戈壁滩的话，我几乎是没有生存能力的，对寻水、觅食、防狼之类的知识一无所知，体力也不见长，懂的微积分似乎也用不上。那我擅长的是什么呢？我擅长的是人，也就是社会科学。比如我擅长的经济学、市场营销和大历史，能用到的领域，一定需要人很多，最好是几百万、几千万乃至数亿人口的基础群体，才能显现出统计规律。换言之，我是一个城市人，最适合在城市生活，在1000万以上人口的特级大城市，我才能如鱼得水。在人口密度如此之低，十几千米才有一户蒙古包的地方，我肯定是无用武之地的。

那么，把上面的思路延伸一段。假如你是一个城市人，在大数据下活得更好，那么世界上是否有同类，是否有其他都市型人格的人呢？答案肯定是有的，而且很厉害，比如今日头条的创始人张一鸣。

寡头

大约两年前，我看过一篇文章，叫《中国互联网寡头垄断时代的到来，谁会成为下一个BAT？》，文章大意是说互联网的精神是自由连接，互联网的技术无边无际，可是2010年之后的产业变迁，却让互联网逐渐陷入了寡头格局。

之所以会出现这样的局面，是因为互联网虽然是自由的，但互联网背后的人却不是。只要是人，就有七情六欲，就有兴趣和喜好，因此人是可以控制的，可以让你滞留在某几个App，简称为"流量"。

流量大战一度甚嚣尘上，等尘埃落定后，只剩下几家大公司。每家大公司都是超级巨无霸，可以为你的衣食住行提供一系列服务。在这些App里面，你就不用出来了，比如腾讯、阿里巴巴、百度、雷军系、周鸿祎系，简称TABLE。相应地，也产生了一个词，叫作"流量终点"。

传说澳门的赌场有两个规矩：赌场不能有窗户，也不能有钟。因为赌场的终极目的就是让赌客不停地玩下去。没有窗户，赌客就不知日升月落，痴迷的赌客往往会玩一天一夜；而钟表更是大忌，只有忘记了时间，才能玩得更开心。同样的道理，现在的App，一个个都恨不得将用户像鸟一样囚禁在里边，一切流量许进不许出。某些做得更过分的，甚至把"Forward/Back"按钮都偷偷改了。

随着中国互联网世界被几个大公司垄断，而每个公司都逐渐堕落为"流量终点站"，只进不出，面对这些"大怪兽"，我们只能瑟瑟发抖。

💰 末路

你以为这一切就到尽头了吗？这么想你就错了，你以为的尽头，其实仅仅是开始。互联网寡头们再大，也有一个槛儿绕不过去，那就是"提高人民的生活水平"，这个大义的名分。

抖音之所以让人畏惧，令人颤抖，是因为其可怕的用户量，它在六个月之内，涨了1.5亿用户，创IOS App有史以来下载第一名。但是反过来想一想，这也意味着消费者给你面子，如果消费者哪天不喜欢每天刷抖音了，例如转去玩VR了，那么抖音就会瞬间变得一文不值。所以说，抖音并不拥有真正的力量，在这一切背后，真正的力量其实是6亿中产的崛起。

中产阶级作为一股力量，已经登上历史舞台，他们懂得使用手机，懂得聊天和通信，有余财，有支付能力，还懂得抱团和共鸣，这才是真正无敌的"大怪兽"。不管哪个互联网寡头开发的App，在6亿中产的面前，统统一文不值。如果你做的App好玩，中产会来用；如果你做的App不好玩，中产分分钟抛弃你，百亿独角兽也是一拍即死。

企业在什么情况下一定会倒闭

// 员工是比客户更宝贵的资产 //

💰 好房子

我曾和我的粉丝展开过一场关于"顾客满意度"的讨论，讨论的细节就不展开了，主要说最终的结论：如果所有顾客都对一家公司很满意，这家公司一定会倒闭。为了讲清楚这条逻辑，我们需要比较长的分析链条。

有些人听说我是房产"大神"，慕名而来，向我讨教选房的疑问，可他们往往听不到几句，都会面露鄙夷地离开。这是因为我眼中的好房子，和普罗大众、中年妇女眼中的好房子，存在着巨大的差异。

当中年妇女看到下表5-2以后，往往会说："我那才叫豪宅，高大豪华上档次，而且还带学区，买一件得两件，超值啊，睁开眼看看吧。"听到这样的话，我往往会落荒而逃，懒得跟她多说一句。

表5-2 什么是好房子？

水库	中年妇女的好房子
二线开发商	一流开发商
城乡接合部	最好的地段
国企有点土	豪华会所上档次
楼层，朝向折算系数	最好的楼层，最好的朝向
软伤，硬伤折算系数	绝不能有任何瑕疵
面积可以大一点	不大不小刚刚好
无学区	一定要学区房！
？？？	

表格最后一行"？？？"是什么意思？那是钱啊。一套各项都十分完美的房子，其价格必然也是完美的。荒郊野岭搭个售楼处，就敢卖你80 000元/平方米，这就是所谓的"远郊贵妇CEO"盘，买下来至少被套五年。我研判房子，是出于投资、价值有上涨空间的心态。我本身不会爱上房子的，只要它涨价即可。那么，什么样的房子才会涨价呢？那就得看房200套，建立价格体系，然后在体系基础上学会"拆骨法"，把各项因素加加减减，最后再判断价值。

我看房子，从来没有好不好的说法，更不会用买了一套"全市最好的房子"来炫耀。

顾客满意度

经济学名称的本义来自经济，经济的哲学本质是不追求好与坏，只看值不值。被低估的房子才能涨价，而不是最好的房子能涨价。我当然知道楼层高点，视野更开阔，但高楼层往往需要从总价上再加两万元，这时候就要仔细算一算了，你能否接受？

学区是好东西，可因为学区，价格就比隔壁贵400万元，你愿意多花这400万元吗？你确信这400万元能保值吗？要知道，利润可是一分一厘抠着算出来的。

说回"客户满意度"的问题。不知从什么时候开始，中国的年轻人开始推崇匠人精神。凡事都要追求极致，一碗米饭要练习煮十年。但是，匠人精神一看就是错的，世上根本没有无极限的爱。任何事都要讲成本/收益，日本不懂经济学，生产效率在G7中垫底，比素以"懒散"著称的意大利人还低。

在企业管理领域，有人鼓吹"顾客满意度"，甚至把它提到了管理神话的地位，恨不得追求顾客满意度100%，连99.9%都不行，但这是违反经济学的。合理的"顾客满意度"应该是多少呢？绝不是100%，也不是99.9%，可能到80%就差不多了。

任何一点满意度的提升，都是需要成本的，而且越到后期，让挑剔的顾客满意就越难，从而导致边际效益递减，成本指数升高。比如你在淘宝开了一个店铺卖童装。一个正常的客户买一件童装，感觉不错，点个好评，交易就结束了，但你还可能会碰上过了三个月问你现在促销降价他可不可以补回差价的客户。企业主一定要清楚，员工是比客户更宝贵的资产，绝不能为了一个毫无价值的客户去责骂或者苛待你的员工。一名员工，算上社保，一个小时的成本至少60元，与其花20分钟处理客户的免邮问题，不如把这种客户拉黑。

银行管理费

众所周知，中国的银行业在2003年时引进了发达国家银行的管理经验，对余额不足300元的账户收年费。后来因为老头、老太太反对声音太大，就偷偷取消了。从经济学的角度讲，银行该不该收小额账户管理费呢？

首先，所有的民营银行，毫无疑问都应该收取小额账户管理费。因为账户是有成本的，无论你承认不承认，IT系统、客户管理、账簿记录等，这些都是隐形的成本。银行不仅该收小额账户管理费，还该收ATM查询费、柜台服务费、点钞费。尤其是柜台服务费，老头、老太太存取款几百元，扎堆去银行柜台干什么？其实都是来蹭免费的空调冷气的。虽然从名义上，银行该干的活一点都没减少，但是因为需要付费，消费者就会节约自己的行为，从而节省了社会资源。

那么，国营银行该不该收小额账户管理费呢？答案是：不一定。因为从本质上来讲，小额金融是国民的一种福利，是基础金融权。民营银行，谁想开就开，商人自负盈亏，人家入场是来赚钱的，所以不承担额外的责任。但是国有银行的牌照是国家赠送的，国家给你各种优惠政策，那你就不是一家普通企业了，所以，权利与义务是对等的。

结语

不知不觉中，我们身边已经有太多人在尊崇"顾客满意度"，甚至在年轻人的创业潮中被奉为KPI[①]之一。这种思想和西方某些人"每一个人都是很宝贵的，需要100%满意度"的思想如出一辙。

美国的生产力极为发达，一个身体健康的成年人，只要稍微工作，哪怕做一个卡车司机、伐木工、油漆工，收入也足够养活一家人。但是，哪怕有了80%，甚至90%的满意度，社会上总还是有10%的人不满意。比如说一个小混混，从来不认真读书，整天逃学打架，高中都没读完就宅在家里，指望着政府发福利。就为了让这10%的懒汉满意，从而达到100%的选民满意度，美国建设了覆盖面极广的社会福利制度。因此需要征收大量的税，这显然侵犯了正常纳税人的利益。同时，懒汉们的不劳

---

① KPI：即Key Performance Indicator，意为关键绩效指标，即把企业战略目标分解，并进行量化，成为可操作的工作目标。

而获，也刺激了更多的勤汉，于是有更多的人不工作，靠吃福利生活。

　　由美国乃至一些西方国家一手缔造的争取100%人口都满意、任何垃圾客户都不能踢出去的生态环境，间接地告诉了我们，如果所有客户都对公司很满意，那么公司一定会倒闭。

© 民主与建设出版社，2020

图书在版编目（CIP）数据

守住你的钱 / yevon_ou 著 . -- 北京：民主与建设出版社，2020.11

ISBN 978-7-5139-3237-0

Ⅰ . ①守… Ⅱ . ① y… Ⅲ . ①投资－基本知识 Ⅳ . ① F830.59

中国版本图书馆 CIP 数据核字（2020）第 192216 号

守住你的钱
SHOUZHU NI DE QIAN

著　　者	yevon_ou
责任编辑	程　旭
监　　制	秦　青
策划编辑	康晓硕
营销编辑	吴　思
封面设计	崔浩原
版式设计	李　洁
出　　版	民主与建设出版社有限责任公司
电　　话	（010）59417747　59419778
社　　址	北京市海淀区西三环中路 10 号望海楼 E 座 7 层
邮　　编	100142
印　　刷	三河市百盛印装有限公司
开　　本	680mm×955mm　1/16
印　　张	18
字　　数	250 千字
版　　次	2020 年 11 月第 1 版
印　　次	2020 年 11 月第 1 次印刷
书　　号	ISBN 978-7-5139-3237-0
定　　价	59.80 元

注：如有印、装质量问题，请与出版社联系。